하루 한 장으로
규칙적인 수학 습관을 기르자!

한 장 수학

중학 **수학** 2(하)

KB211566

| 기획 및 개발 |

최다인 윤미선

| 집필 및 검토 |

김민정(관악고) 강해기(배재중)

| 검토 |

김민정(관악고) 강해기(배재중)

+ **수학 전문가 100여 명의 노하우로 만든**
수학 특화 시리즈

+ **연산 ε ▸ 개념 α ▸ 유형 β ▸ 고난도 Σ** 의
단계별 영역 구성

+ **난이도별, 유형별 선택**으로
사용자 맞춤형 학습

수학
마스터
기본부터 심화까지 **단계별 수학**

연산 ε(6책) **ǀ 개념 α**(6책) **ǀ 유형 β**(6책) **ǀ 고난도 Σ**(6책)

EBS No.1 과목 특화 브랜드

하루 한 장으로
규칙적인 수학 습관을 기르자!

한장 수학

중학 수학 2(하)

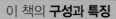 이 책의 **구성과 특징**

Structure

▶ **한 장 공부 표**

학습할 개념의 흐름을 파악한 후 한 장 공부 표를 활용하여 학습량을 계획하고 공부한 날짜를 기록해 보아요.

개념 학습하기

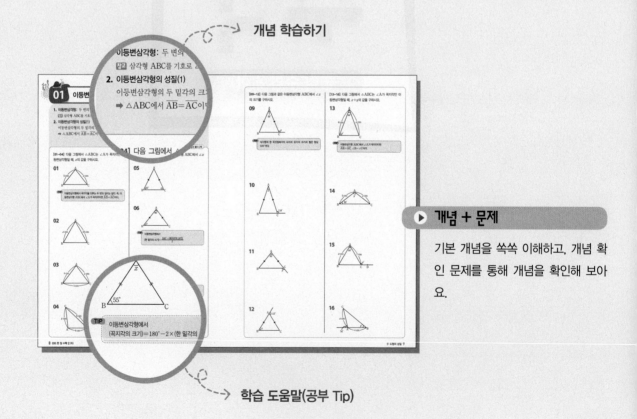

▶ **개념 + 문제**

기본 개념을 쏙쏙 이해하고, 개념 확인 문제를 통해 개념을 확인해 보아요.

↳ **학습 도움말(공부 Tip)**

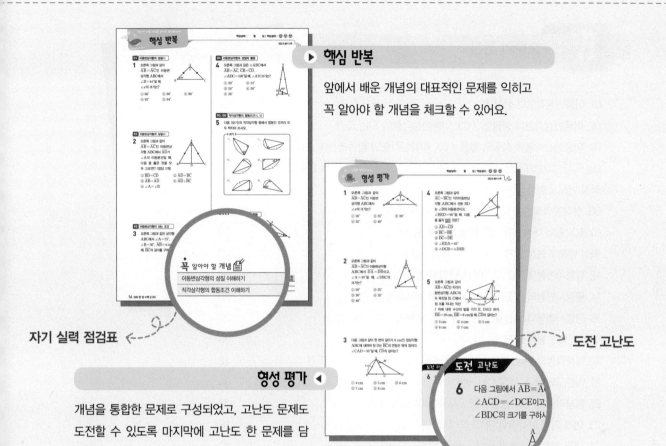

핵심 반복

앞에서 배운 개념의 대표적인 문제를 익히고
꼭 알아야 할 개념을 체크할 수 있어요.

자기 실력 점검표

형성 평가

개념을 통합한 문제로 구성되었고, 고난도 문제도
도전할 수 있도록 마지막에 고난도 한 문제를 담
았어요.

도전 고난도

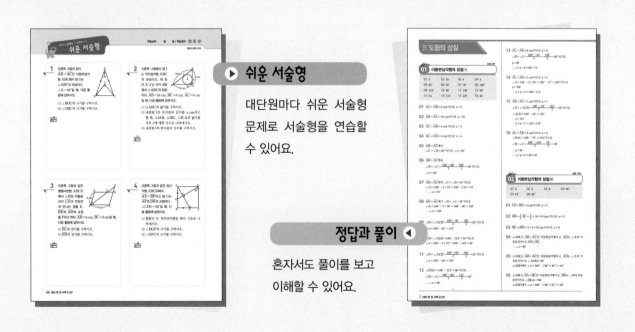

쉬운 서술형

대단원마다 쉬운 서술형
문제로 서술형을 연습할
수 있어요.

정답과 풀이

혼자서도 풀이를 보고
이해할 수 있어요.

이 책의 **차례**

Contents

IV 도형의 성질

V 도형의 닮음과 피타고라스 정리

VI 확률

Application

1 하루 한 장! 수학은 규칙적으로 꾸준히 공부하자.

한 장 공부 표를 이용하여 매일 한 장씩 공부 계획을 세우고, 공부한 날짜 및 학습결과를 체크하면서 공부하는 습관을 들여요. 문제의 난이도는 낮추고 학습할 분량을 줄여서 부담 없이 공부할 수 있도록 구성하였기 때문에 어려움 없이 학습할 수 있습니다. 수학은 매일매일 꾸준히 공부하는 습관이 가장 중요한 거 아시죠? **한 장 수학**을 통해 수학 공부 습관을 길러 보세요.

2 단기간에 빠르게 끝내고 싶다면 하루 두 장! 또는 하루 세 장!

개념과 문제가 한 장씩 끊어지도록 구성되어 있는 교재입니다. 단기간에 책 한 권을 끝내고 싶다면 쉬운 난이도의 교재이기 때문에 하루 두 장, 또는 하루 세 장 분량의 학습량을 정하여 공부하는 것도 좋은 방법입니다. 처음부터 두 장 이상의 학습량이 부담스럽다면 처음에는 한 장씩 학습하여 매일 공부 습관을 기르고 점차 학습량을 늘리는 것도 방법이지요.

3 학습 결과를 분석하여 부족한 개념은 다시 복습한다.

핵심 반복, 형성 평가의 문제를 풀고 틀린 문제의 개념은 다시 복습해야 합니다. 수학은 틀린 문제의 개념이 무엇인지 파악하고 다시 복습하여 그 개념을 확실히 이해해야 다음에 비슷한 문제가 나와도 틀리지 않기 때문에 복습이 무엇보다 중요한 것 잊지 마세요.

IV 도형의 성질

공부할 날짜를 계획해 봐요.

공부한 날짜를 기록해 봐요.

학습 결과를 체크해 봐요.

학습 과정, 학습 결과에 대한 원인을 생각해 볼까요?

학습 결과가 만족스럽지 못하다면 추가 학습을 해 봐요.

한 장 공부표

	학습 내용	계획하기	학습하기	확인하기	분석하기	추가 학습하기
01장	01. 이등변삼각형의 성질(1)	월 일	월 일	😊 😐 😣 잘함 보통 노력		월 일
02장	02. 이등변삼각형의 성질(2) 03. 이등변삼각형이 되는 조건	월 일	월 일	😊 😐 😣		월 일
03장	04. 이등변삼각형의 성질의 활용 05. 직각삼각형의 합동조건(1) – RHA 합동	월 일	월 일	😊 😐 😣		월 일
04장	06. 직각삼각형의 합동조건(2) – RHS 합동 07. 직각삼각형의 합동조건의 활용	월 일	월 일	😊 😐 😣		월 일
05장	핵심 반복 / 형성 평가	월 일	월 일	😊 😐 😣		월 일
06장	08. 삼각형의 외심 09. 삼각형의 외심의 활용	월 일	월 일	😊 😐 😣		월 일
07장	10. 삼각형의 내심 11. 삼각형의 내심의 활용	월 일	월 일	😊 😐 😣		월 일
08장	핵심 반복 / 형성 평가	월 일	월 일	😊 😐 😣		월 일
09장	12. 평행사변형의 뜻 13. 평행사변형의 성질(1)	월 일	월 일	😊 😐 😣		월 일
10장	14. 평행사변형의 성질(2) 15. 평행사변형이 되는 조건	월 일	월 일	😊 😐 😣		월 일
11장	16. 평행사변형의 성질을 이용하여 넓이 구하기	월 일	월 일	😊 😐 😣		월 일
12장	핵심 반복 / 형성 평가	월 일	월 일	😊 😐 😣		월 일
13장	17. 직사각형의 뜻과 성질 18. 평행사변형이 직사각형이 되는 조건	월 일	월 일	😊 😐 😣		월 일
14장	19. 마름모의 뜻과 성질 20. 평행사변형이 마름모가 되는 조건	월 일	월 일	😊 😐 😣		월 일
15장	21. 정사각형의 뜻과 성질 22. 정사각형이 되는 조건	월 일	월 일	😊 😐 😣		월 일
16장	23. 여러 가지 사각형의 대각선의 성질	월 일	월 일	😊 😐 😣		월 일
17장	24. 여러 가지 사각형의 관계	월 일	월 일	😊 😐 😣		월 일
18장	핵심 반복 / 형성 평가 / 쉬운 서술형	월 일	월 일	😊 😐 😣		월 일

18장으로 도형의 성질 학습 끝!!

01 이등변삼각형의 성질(1)

1. 이등변삼각형: 두 변의 길이가 같은 삼각형

> 참고 삼각형 ABC를 기호로 △ABC와 같이 나타낸다.

2. 이등변삼각형의 성질(1)

이등변삼각형의 두 밑각의 크기는 같다.

➡ △ABC에서 $\overline{AB}=\overline{AC}$이면 ∠B=∠C이다.

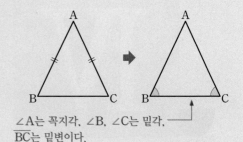

∠A는 꼭지각, ∠B, ∠C는 밑각, $\overline{BC}$는 밑변이다.

정답과 풀이 2쪽

[01~04] 다음 그림에서 △ABC는 ∠A가 꼭지각인 이 등변삼각형일 때, x의 값을 구하시오.

01

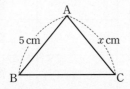

> TIP 이등변삼각형에서 꼭지각을 이루는 두 변의 길이는 같다. 즉, 이 등변삼각형 ABC에서 ∠A가 꼭지각이면 $\overline{AB}=\overline{AC}$이다.

02

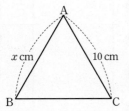

03

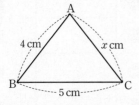

04

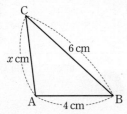

[05~08] 다음 그림과 같은 이등변삼각형 ABC에서 ∠x 의 크기를 구하시오.

05

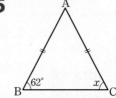

06

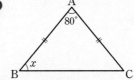

> TIP 이등변삼각형에서
> (한 밑각의 크기)$=\dfrac{180°-(꼭지각의 크기)}{2}$

07

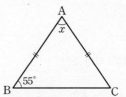

> TIP 이등변삼각형에서
> (꼭지각의 크기)$=180°-2×(한 밑각의 크기)$

08

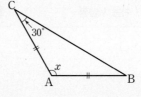

[09~12] 다음 그림과 같은 이등변삼각형 ABC에서 ∠x 의 크기를 구하시오.

09

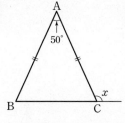

TIP 다각형의 한 꼭짓점에서의 내각과 외각의 크기의 합은 항상 180°이다.

10

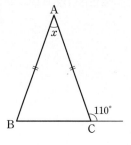

11

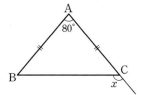

12

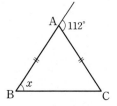

[13~16] 다음 그림에서 △ABC는 ∠A가 꼭지각인 이 등변삼각형일 때, $x+y$의 값을 구하시오.

13

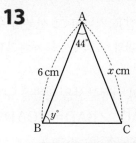

TIP 이등변삼각형 ABC에서 ∠A가 꼭지각이면 $\overline{\text{AB}}=\overline{\text{AC}}$, ∠B=∠C이다.

14

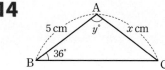

15

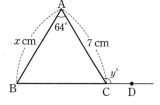

16

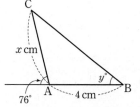

02 이등변삼각형의 성질(2)

1. 수직이등분선: 선분의 중점을 지나고 그 선분에 수직인 직선

참고 선분의 수직이등분선 위의 한 점에서 그 선분의 양 끝점에 이르는 거리는 서로 같다.

2. 이등변삼각형의 성질(2)

이등변삼각형의 꼭지각의 이등분선은 밑변을 수직이등분한다.

➡ △ABC에서 $\overline{AB}=\overline{AC}$, ∠BAD=∠CAD일 때

① $\overline{BD}=\overline{CD}$ ⟶ 두 변의 길이가 같으므로 ⟶ $\overline{AD}$는 ∠BAC의 이등분선이다.
이등변삼각형이다.

② $\overline{AD}\perp\overline{BC}$

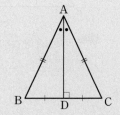

참고 • △ABD와 △ACD에서

$\overline{AB}=\overline{AC}$, ∠BAD=∠CAD, $\overline{AD}$는 공통

∴ △ABD≡△ACD (SAS 합동)

• 이등변삼각형에서는 꼭지각의 이등분선과 밑변의 수직이등분선이 일치한다.

정답과 풀이 2쪽

[01~03] 다음 그림과 같은 이등변삼각형 ABC에서 x의 값을 구하시오.

01

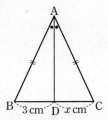

TIP ∠BAD=∠CAD이므로 $\overline{AD}$는 ∠A의 이등분선이다.

02

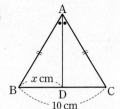

03

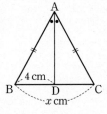

[04~06] 다음 그림과 같은 이등변삼각형 ABC에서 ∠x의 크기를 구하시오.

04

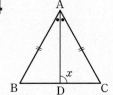

TIP 꼭지각의 이등분선은 밑변과 수직으로 만난다(직교한다).

05

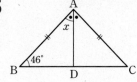

06

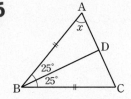

03 이등변삼각형이 되는 조건

 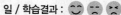

두 내각의 크기가 같은 삼각형은 이등변삼각형이다.

➡ △ABC에서 ∠B=∠C이면 $\overline{AB}=\overline{AC}$이다.
  └─➤ 이때 ∠A는 꼭지각, ∠B, ∠C는 밑각이 된다.

참고 어떤 삼각형이 이등변삼각형인지 알아보기 위해서는
   ① 두 변의 길이가 같은지
   ② 두 내각의 크기가 같은지
   확인한다.

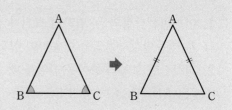

정답과 풀이 3쪽

[01~04] 다음 그림과 같은 △ABC에서 x의 값을 구하시오.

01

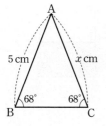

02

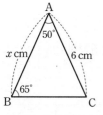

TIP 삼각형의 세 내각의 크기의 합은 180°이다.

03

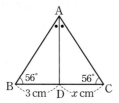

04

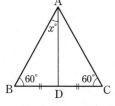

TIP △ABD≡△ACD임을 이용한다.

[05~08] 다음 그림과 같은 삼각형 ABC에서 $x+y$의 값을 구하시오.

05

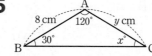

06

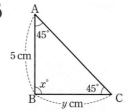

07

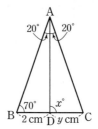

08

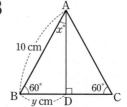

04 이등변삼각형의 성질의 활용

1. 이등변삼각형의 두 밑각의 크기가 같다는 성질과 두 내각의 크기가 같은 삼각형 ┌→ 이등변삼각형의 성질(1)　　┌→ 이등변삼각형이 되는 조건
은 이등변삼각형임을 이용하여 삼각형에서 변의 길이와 각의 크기를 구한다.

2. 직사각형 모양의 종이를 접었을 때 포개어지는 부분의 도형은 이등변삼각형이다.

> 참고　$\overline{AD} /\!/ \overline{BC}$이므로 ∠FEG=∠EGB (엇각)이고, ∠FGE=∠EGB (접은 각)이므로
> ∠FEG=∠FGE이다. 즉, △FEG는 $\overline{FE}=\overline{FG}$인 이등변삼각형이다.

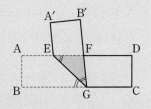

정답과 풀이 3쪽

---

01 다음은 $\overline{AB}=\overline{AC}$인 이등변삼각형 ABC에서 ∠$x$의 크기를 구하는 과정이다. □ 안에 알맞은 수를 쓰시오.

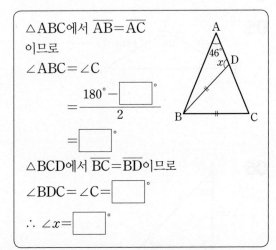

> △ABC에서 $\overline{AB}=\overline{AC}$
> 이므로
> ∠ABC=∠C
> $= \dfrac{180°-\boxed{}°}{2}$
> $=\boxed{}°$
> △BCD에서 $\overline{BC}=\overline{BD}$이므로
> ∠BDC=∠C=$\boxed{}°$
> ∴ ∠x=$\boxed{}°$

> TIP　이등변삼각형의 두 밑각의 크기는 같다.

[02~03] 다음 그림에서 △ABC가 $\overline{AB}=\overline{AC}$인 이등변 삼각형일 때, ∠$x$의 크기를 구하시오.

02

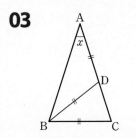

> TIP　삼각형의 한 외각의 크기는 그와 이웃하지 않는 두 내각의 크기의 합과 같다.

03

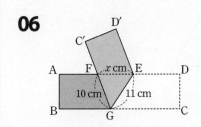

---

04 다음은 직사각형 모양의 색종이를 $\overline{EG}$를 접는 선으로 하여 접었을 때, $\overline{FG}$의 길이를 구하는 과정이다. □ 안에 알맞은 것을 쓰시오.

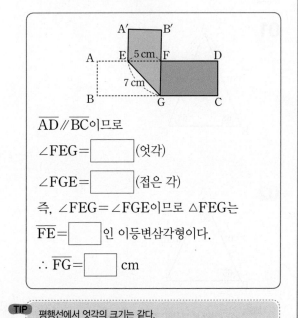

> $\overline{AD} /\!/ \overline{BC}$이므로
> ∠FEG=$\boxed{}$ (엇각)
> ∠FGE=$\boxed{}$ (접은 각)
> 즉, ∠FEG=∠FGE이므로 △FEG는
> $\overline{FE}=\boxed{}$인 이등변삼각형이다.
> ∴ $\overline{FG}=\boxed{}$ cm

> TIP　평행선에서 엇각의 크기는 같다.

[05~06] 다음 그림과 같이 직사각형 모양의 종이를 $\overline{EG}$를 접는 선으로 하여 접었을 때, x의 값을 구하시오.

05

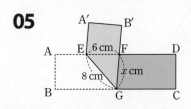

06

05 직각삼각형의 합동조건(1) – RHA 합동

┌→ 직각의 대변

┌→ 한 내각의 크기가 직각인 삼각형

빗변의 길이와 한 예각의 크기가 각각 같은 두 직각삼각형은 서로 합동
이다.

➡ △ABC와 △DEF에서

∠C = ∠F = 90°, $\overline{AB} = \overline{DE}$, ∠B = ∠E이면   ┌→ ∠A = ∠D이어도 된다.

△ABC ≡ △DEF(RHA 합동)   └→ 직각삼각형에서는 한 예각의 크기가
                                정해지면 나머지 한 예각의 크기도 정해진다.

주의 직각삼각형에서 빗변의 길이가 아닌 다른 한 변의 길이와 한 예각의 크기
가 각각 같으면 RHA 합동이 아닐 수도 있음에 유의한다.

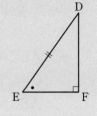

정답과 풀이 4쪽

[01~02] 다음 그림과 같은 두 직각삼각형 ABC와 DEF에 대하여 물음에 답하시오.

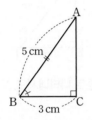 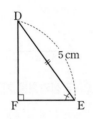

01 다음은 두 직각삼각형 ABC, DEF가 합동임을 보이는 과정이다. □ 안에 알맞은 것을 쓰시오.

△ABC와 △DEF에서

∠C = ∠F = □ °

$\overline{AB} = \overline{DE} = □$ cm

∠B = ∠E이므로

△ABC ≡ △□ (□ 합동)

TIP 두 삼각형이 합동임을 기호로 나타낼 때에는 대응하는 꼭짓점 순서대로 써야 한다.

02 $\overline{EF}$의 길이를 구하시오.

TIP 합동인 두 도형에서 대응변의 길이는 같다.

[03~05] 다음 그림과 같은 두 직각삼각형 ABC와 DEF에 대하여 물음에 답하시오.

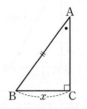 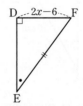

03 합동인 두 삼각형을 기호로 나타내시오.

04 위의 **03**에서 이용한 합동조건을 쓰시오.

05 x의 값을 구하시오.

[06~08] 다음 그림에 대하여 물음에 답하시오.

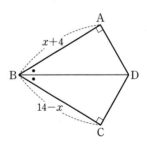

06 합동인 두 삼각형을 기호로 나타내시오.

07 위의 **06**에서 이용한 합동조건을 쓰시오.

08 x의 값을 구하시오.

06 직각삼각형의 합동조건⑵ – RHS 합동

학습날짜 :　　월　　일 / 학습결과 :

빗변의 길이와 다른 한 변의 길이가 각각 같은 두 직각삼각형은 합동이다.

➡ △ABC와 △DEF에서

∠C=∠F=90°, $\overline{AB}=\overline{DE}$, $\overline{AC}=\overline{DF}$이면

$\overline{BC}=\overline{EF}$이어도 된다.

△ABC≡△DEF (RHS 합동)

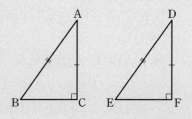

정답과 풀이 4쪽

[01~02] 다음 그림과 같은 두 직각삼각형 ABC와 DEF에 대하여 물음에 답하시오.

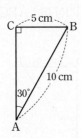 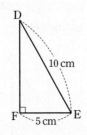

01 다음은 두 직각삼각형 ABC, DEF가 합동임을 보이는 과정이다. □ 안에 알맞은 것을 쓰시오.

△ABC와 △DEF에서

∠C=∠F=□°

$\overline{AB}=\overline{DE}=$□ cm

$\overline{BC}=\overline{EF}=$□ cm이므로

△ABC≡□ (□ 합동)

02 ∠E의 크기를 구하시오.

> TIP 합동인 두 도형에서 대응각의 크기는 같다.

[03~05] 다음 그림과 같은 두 직각삼각형 ABC와 DFE에 대하여 물음에 답하시오.

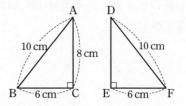

03 합동인 두 삼각형을 기호로 나타내시오.

04 위의 03에서 이용한 합동조건을 쓰시오.

05 $\overline{DE}$의 길이를 구하시오.

[06~08] 다음 그림에 대하여 물음에 답하시오.

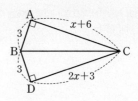

06 합동인 두 삼각형을 기호로 나타내시오.

07 위의 06에서 이용한 합동조건을 쓰시오.

08 x의 값을 구하시오.

07 직각삼각형의 합동조건의 활용

빗변의 길이가 같은 두 직각삼각형이 주어지면 한 예각의 크기 혹은 다른 한 변의 길이를 비교하여 합동인지 확인한다.

예 직각이등변삼각형 ABC에서 ∠A의 이등분선이 $\overline{BC}$와 만나는 점을 D, 점 D에서 $\overline{AB}$에 내린 수선의 발을 E라고 하자. $\overline{DE}=2$일 때, $\overline{DC}$의 길이를 구하는 과정은 다음과 같다.

△ACD와 △AED에서

∠ACD=∠AED=90°, $\overline{AD}$는 공통, ∠DAC=∠DAE이므로

△ACD≡△AED (RHA 합동) ∴ $\overline{DC}=\overline{DE}=2$

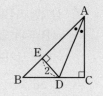

정답과 풀이 5쪽

[01~03] 오른쪽 그림과 같은 △ABC에서 $\overline{AB}=\overline{AC}$이고, $\overline{BC}$의 중점 M에서 $\overline{AB}$, $\overline{AC}$에 내린 수선의 발을 각각 D, E라고 하자. $\overline{MD}=6$ cm일 때, 다음 물음에 답하시오.

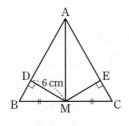

01 △DBM과 합동인 삼각형을 찾아 기호로 나타내시오.

TIP 이등변삼각형의 두 밑각의 크기는 같다.

02 위의 01에서 이용한 합동조건을 쓰시오.

03 $\overline{ME}$의 길이를 구하시오.

[04~06] 오른쪽 그림과 같은 △ABC에서 ∠B=30°이고, $\overline{AC}$의 중점 M에서 $\overline{AB}$, $\overline{BC}$에 내린 수선의 발을 각각 D, E라고 하자. $\overline{MD}=\overline{ME}$일 때, 다음 물음에 답하시오.

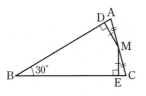

04 △AMD와 합동인 삼각형을 찾아 기호로 나타내시오.

05 위의 04에서 이용한 합동조건을 쓰시오.

06 ∠C의 크기를 구하시오.

[07~08] 다음 그림과 같은 직각삼각형 ABC에서 x, y의 값을 각각 구하시오.

07
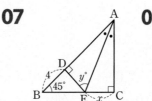

08
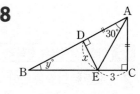

[09~13] 오른쪽 그림에서 △ABE와 △DEC는 직각삼각형이고, △AED는 직각이등변삼각형이다. $\overline{AB}=3$ cm, $\overline{DC}=5$ cm일 때, 다음 물음에 답하시오.

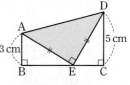

09 합동인 두 삼각형을 찾아 기호로 나타내시오.

10 위의 09에서 이용한 합동조건을 쓰시오.

11 $\overline{BE}$의 길이를 구하시오.

12 $\overline{EC}$의 길이를 구하시오.

13 $\overline{BC}$의 길이를 구하시오.

01 이등변삼각형의 성질(1)

1 오른쪽 그림과 같이 $\overline{AB}=\overline{AC}$인 이등변 삼각형 ABC에서 ∠B=44°일 때, ∠x의 크기는?

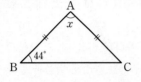

① 86°   ② 88°   ③ 90°

④ 92°   ⑤ 94°

02 이등변삼각형의 성질(2)

2 오른쪽 그림과 같이 $\overline{AB}=\overline{AC}$인 이등변삼 각형 ABC에서 $\overline{AD}$가 ∠A의 이등분선일 때, 다음 중 옳은 것을 모 두 고르면? (정답 2개)

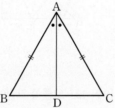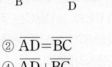

① $\overline{BD}=\overline{CD}$ ② $\overline{AD}=\overline{BC}$
③ $\overline{AB}=\overline{AD}$ ④ $\overline{AD}\perp\overline{BC}$
⑤ ∠A=∠B

03 이등변삼각형이 되는 조건

3 오른쪽 그림과 같은 삼각형 ABC에서 ∠A=75°, ∠B=30°, $\overline{AB}$=4 cm일 때, $\overline{BC}$의 길이를 구하시오.

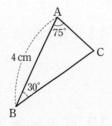

04 이등변삼각형의 성질의 활용

4 오른쪽 그림과 같은 △ABC에서 $\overline{AB}=\overline{AC}$, $\overline{CB}=\overline{CD}$, ∠ADC=100°일 때, ∠A의 크기는?

① 20°   ② 22°

③ 24°   ④ 26°

⑤ 28°

05, 06 직각삼각형의 합동조건(1), (2)

5 다음 〈보기〉의 직각삼각형 중에서 합동인 것끼리 모 두 짝지어 쓰시오.

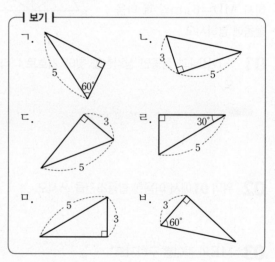

07 직각삼각형의 합동조건의 활용

6 오른쪽 그림에서 ∠AOP=∠BOP, ∠PAO=∠PBO=90°, $\overline{PA}$=2 cm일 때, $\overline{PB}$의 길이는?

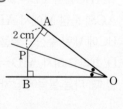

① 1 cm   ② 1.5 cm   ③ 2 cm

④ 2.5 cm   ⑤ 3 cm

꼭 알아야 할 개념

	1차	2차	시험 직전
이등변삼각형의 성질 이해하기			
직각삼각형의 합동조건 이해하기			

1 오른쪽 그림과 같이 $\overline{AB}=\overline{AC}$인 이등변삼각형 ABC에서 $\angle x$의 크기는?

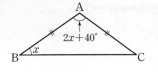

① 20° ② 25° ③ 30°
④ 35° ⑤ 40°

2 오른쪽 그림과 같이 $\overline{AB}=\overline{AC}$인 이등변삼각형 ABC에서 $\overline{DA}=\overline{DB}$이고, $\angle A=40°$일 때, $\angle DBC$의 크기는?

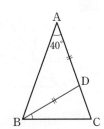

① 20° ② 25°
③ 30° ④ 35°
⑤ 40°

3 다음 그림과 같이 한 변의 길이가 6 cm인 정삼각형 ABC에 대하여 점 D는 $\overline{BC}$의 연장선 위의 점이다. $\angle CAD=30°$일 때, $\overline{CD}$의 길이는?

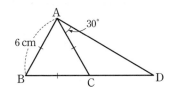

① 4 cm ② 5 cm ③ 6 cm
④ 7 cm ⑤ 8 cm

4 오른쪽 그림과 같이 $\overline{AC}=\overline{BC}$인 직각이등변삼각형 ABC에서 선분 BD는 $\angle B$의 이등분선이고, $\angle BED=90°$일 때, 다음 중 옳지 <u>않은</u> 것은?

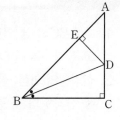

① $\overline{AD}=\overline{CD}$
② $\overline{BC}=\overline{BE}$
③ $\overline{DC}=\overline{DE}$
④ $\angle EDA=45°$
⑤ $\triangle DCB \equiv \triangle DEB$

5 오른쪽 그림과 같이 $\overline{AB}=\overline{AC}$인 직각이등변삼각형 ABC의 두 꼭짓점 B, C에서 점 A를 지나는 직선 l 위에 내린 수선의 발을 각각 E, D라고 하자. $\overline{DE}=10$ cm, $\overline{BE}=6$ cm일 때, $\overline{CD}$의 길이는?

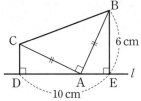

① 3 cm ② 4 cm ③ 5 cm
④ 6 cm ⑤ 7 cm

난 풀 수 있다. 고난도!!

도전 고난도

6 다음 그림에서 $\overline{AB}=\overline{AC}$, $\angle ABD=\angle DBC$, $\angle ACD=\angle DCE$이고, $\angle A=40°$일 때, $\angle BDC$의 크기를 구하시오.

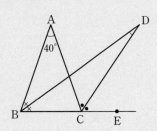

08 삼각형의 외심

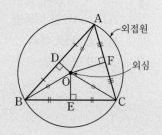

1. △ABC의 세 꼭짓점이 모두 원 O 위에 있을 때, 원 O는 △ABC에 외접한다고 한다. ➡ 원 O는 △ABC의 외접원이다.
2. **삼각형의 외심:** 삼각형의 외접원의 중심
   ➡ 삼각형의 세 변의 수직이등분선의 교점 ──→ 삼각형의 세 변의 수직이등분선은 한 점에서 만난다.
3. **삼각형의 외심의 성질:** 삼각형의 외심에서 세 꼭짓점에 이르는 거리는 같다.
   ➡ $\overline{OA} = \overline{OB} = \overline{OC} =$ (외접원의 반지름의 길이)

정답과 풀이 6쪽

[01~07] 오른쪽 그림에서 점 O가 삼각형 ABC의 외심일 때, 다음 중 옳은 것은 ○표, 옳지 않은 것은 ×표를 하시오.

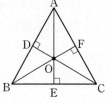

01 $\overline{AD} = \overline{BD}$ ( )

02 $\overline{BE} = \overline{CE}$ ( )

03 $\overline{OA} = \overline{OB}$ ( )

04 $\overline{OE} = \overline{OF}$ ( )

05 $\angle OBC = \angle OCB$ ( )

06 $\angle OAD = \angle OAF$ ( )

07 $\triangle OAF \equiv \triangle OCF$ ( )

[08~10] 다음 그림에서 점 O가 삼각형 ABC의 외심일 때, x의 값을 구하시오.

08

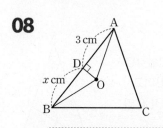

TIP $\overline{OD}$는 $\overline{AB}$의 수직이등분선이다.

09

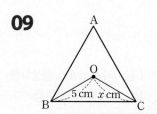

TIP 삼각형의 외심 O에서 세 꼭짓점에 이르는 거리는 같다.

10

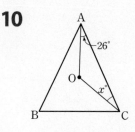

09 삼각형의 외심의 활용

점 O가 삼각형 ABC의 외심일 때

1. $\angle x + \angle y + \angle z = 90°$ → $2(\angle x + \angle y + \angle z) = 180°$

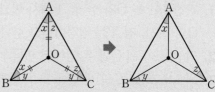

2. $\angle BOC = 2\angle A$ → $\angle BOC = 2\angle x + 2\angle y = 2(\angle x + \angle y) = 2\angle A$

> **참고** 점 O가 △ABC의 외심이므로 $\overline{OA} = \overline{OB} = \overline{OC}$
> 즉, △OAB, △OBC, △OCA는 모두 이등변삼각형이므로
> 두 밑각의 크기가 각각 같다.
> 따라서 $\angle OAB = \angle OBA$, $\angle OBC = \angle OCB$, $\angle OAC = \angle OCA$

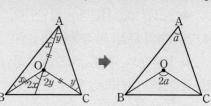

정답과 풀이 7쪽

[01~06] 다음 그림에서 점 O가 삼각형 ABC의 외심일 때, $\angle x$의 크기를 구하시오.

01

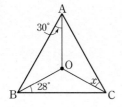

> **TIP** $\angle OAB + \angle OBC + \angle OCA = 90°$임을 이용한다.

02

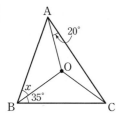

03

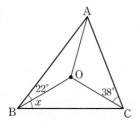

04

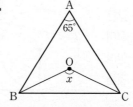

> **TIP** $\angle BOC = 2\angle A$임을 이용한다.

05

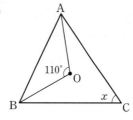

06

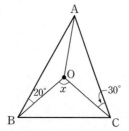

10 삼각형의 내심

학습날짜 : 월 일 / 학습결과 : 😊 😐 😣

1. 직선 l이 원 O와 한 점 T에서 만날 때, 직선 l은 원 O에 접한다고 하고, 직선 l은 원 O의 접선, 점 T는 접점이라고 한다. ➡ $\overline{\text{OT}} \perp l$

2. 직선 m이 원 O와 두 점에서 만날 때, 직선 m은 원 O의 할선이라고 한다.

3. 원 I가 △ABC의 세 변에 모두 접할 때, 원 I는 △ABC에 내접한다고 한다.
 ➡ 원 I는 △ABC의 내접원이다.

4. 삼각형의 내심: 삼각형의 내접원의 중심
 ➡ 삼각형의 세 내각의 이등분선의 교점→삼각형의 세 내각의 이등분선은 한 점에서 만난다.

5. 삼각형의 내심의 성질: 삼각형의 내심에서 세 변에 이르는 거리는 같다.
 ➡ $\overline{\text{ID}}=\overline{\text{IE}}=\overline{\text{IF}}=$(내접원의 반지름의 길이)

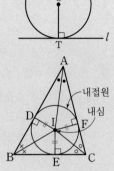

정답과 풀이 7쪽

[01~04] 오른쪽 그림과 같은 원 O와 두 직선 l, m에 대하여 점 T는 직선 l과 원 O가 만나는 점이다. □ 안에 알맞은 것을 쓰시오.

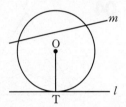

01 직선 □ 은 원 O의 할선이다.

02 직선 □ 은 원 O의 접선이다.

03 점 □ 는 접점이다.

04 $\overline{\text{OT}}$와 직선 l이 이루는 각의 크기는 □ °이다.

[05~11] 오른쪽 그림에서 점 I가 삼각형 ABC의 내심일 때, 다음 중 옳은 것은 ○표, 옳지 <u>않은</u> 것은 ✕표를 하시오.

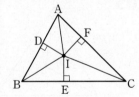

05 $\overline{\text{AD}}=\overline{\text{AF}}$　　　　(　)

06 $\overline{\text{AD}}=\overline{\text{BD}}$　　　　(　)

07 $\overline{\text{AI}}=\overline{\text{BI}}$　　　　(　)

08 $\overline{\text{IE}}=\overline{\text{IF}}$　　　　(　)

09 $\angle\text{IBC}=\angle\text{ICB}$　　(　)

10 $\angle\text{IAD}=\angle\text{IAF}$　　(　)

11 △IAF≡△ICF　　(　)

[12~15] 다음 그림에서 점 I가 삼각형 ABC의 내심일 때, x의 값을 구하시오.

12

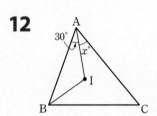

13

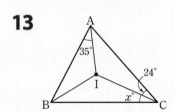

14

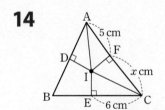

TIP △ICE≡△ICF (RHA 합동) 임을 이용한다.

15

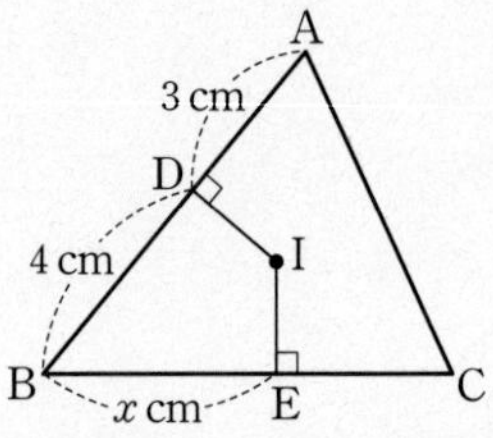

TIP △IBD≡△IBE (RHA 합동) 임을 이용한다.

11 삼각형의 내심의 활용

점 I가 △ABC의 내심일 때

1. $\angle x + \angle y + \angle z = 90°$ ⟶ $2(\angle x + \angle y + \angle z) = 180°$

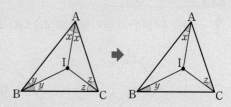

2. $\angle BIC = 90° + \dfrac{1}{2}\angle A$ ⟶ $\begin{aligned}\angle BIC &= (\angle x + \angle y) + (\angle x + \angle z)\\ &= (\angle x + \angle y + \angle z) + \angle x\\ &= 90° + \dfrac{1}{2}\angle A\end{aligned}$

참고 점 I가 △ABC의 내심이므로
$\angle IAB = \angle IAC$, $\angle IBA = \angle IBC$, $\angle ICB = \angle ICA$

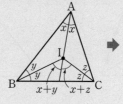 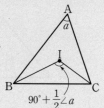

정답과 풀이 7쪽

[01~07] 다음 그림에서 점 I가 삼각형 ABC의 내심일 때, $\angle x$의 크기를 구하시오.

01

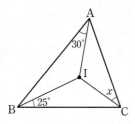

TIP $\angle IAB + \angle IBC + \angle ICA = 90°$임을 이용한다.

02

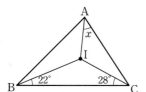

03

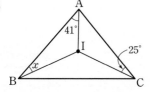

04

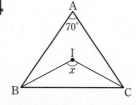

TIP $\angle BIC = 90° + \dfrac{1}{2}\angle A$임을 이용한다.

05

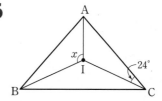

06

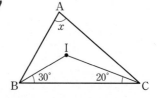

07

08 삼각형의 외심

1 다음 중 점 O가 삼각형의 외심을 나타내는 것은?

①   ②

③   ④

⑤

2 오른쪽 그림에서 점 O는 삼각형 ABC의 외심이다. $\overline{AB}=6$ cm이고 △OAB의 둘레의 길이가 14 cm일 때, $\overline{OC}$의 길이는?

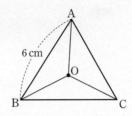

① 3.5 cm   ② 4 cm   ③ 4.5 cm

④ 5 cm   ⑤ 5.5 cm

09 삼각형의 외심의 활용

3 오른쪽 그림에서 점 O가 삼각형 ABC의 외심일 때, $\angle x$의 크기는?

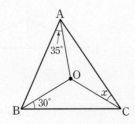

① 15°   ② 20°

③ 25°   ④ 30°

⑤ 35°

4 오른쪽 그림에서 점 O는 삼각형 ABC의 외심이고, $\angle BOC=100°$일 때, $\angle A$의 크기는?

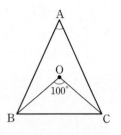

① 40°   ② 45°

③ 50°   ④ 55°

⑤ 60°

10 삼각형의 내심

5 오른쪽 그림에서 점 I는 삼각형 ABC의 내심이고, $\overline{IE}=3$ cm일 때, $\overline{IF}$의 길이는?

 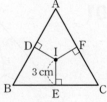

① 2 cm   ② 2.5 cm

③ 3 cm   ④ 3.5 cm

⑤ 4 cm

11 삼각형의 내심의 활용

6 오른쪽 그림에서 점 I는 삼각형 ABC의 내심이고, $\angle A=40°$일 때, $\angle BIC$의 크기는?

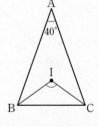

① 80°   ② 90°

③ 100°   ④ 110°

⑤ 120°

꼭 알아야 할 개념

	1차	2차	시험 직전
삼각형의 외심의 성질 이해하기			
삼각형의 내심의 성질 이해하기			

1 오른쪽 그림에서 점 O는 삼각형 ABC의 외심이고 $\overline{OA}+\overline{OB}+\overline{OC}=12$ cm일 때, △ABC의 외접원의 둘레의 길이는?

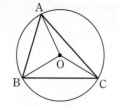

① 2π cm   ② 4π cm   ③ 6π cm
④ 8π cm   ⑤ 10π cm

2 오른쪽 그림에서 점 O는 △ABC의 외심이고 $\angle AOB=130°$일 때, $\angle x$의 크기는?

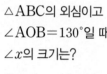
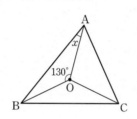

① $20°$ ② $25°$
③ $30°$ ④ $35°$
⑤ $40°$

3 오른쪽 그림에서 점 O는 $\angle C=90°$인 직각삼각형 ABC의 외심이다.
$\overline{AB}=10$ cm,
$\overline{BC}=8$ cm,
$\overline{AC}=6$ cm일 때, $\overline{OC}$의 길이는?

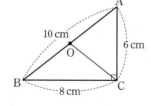

① 4 cm   ② 4.5 cm   ③ 5 cm
④ 5.5 cm   ⑤ 6 cm

4 오른쪽 그림에서 점 O는 삼각형 ABC의 외심이고, $\angle OAB=36°$, $\angle BOC=160°$일 때, $\angle x$의 크기는?

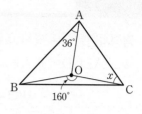

① $32°$ ② $36°$ ③ $40°$
④ $44°$ ⑤ $48°$

5 오른쪽 그림에서 점 I는 삼각형 ABC의 내심이고, $\angle IBA=30°$, $\angle ICA=20°$일 때, $\angle BIC$의 크기는?

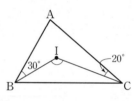

① $110°$ ② $115°$ ③ $120°$
④ $125°$ ⑤ $130°$

6 오른쪽 그림에서 점 I는 삼각형 ABC의 내심이다.
$\overline{DE}/\!/\overline{BC}$, $\overline{AB}=10$ cm, $\overline{AC}=9$ cm, $\overline{BC}=7$ cm일 때, △ADE의 둘레의 길이를 구하시오.

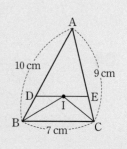

12 평행사변형의 뜻

학습날짜 :   월   일 / 학습결과 : 😊 😑 😣

평행사변형: 두 쌍의 대변이 각각 평행한 사각형
➡ □ABCD에서 $\overline{AB} /\!/ \overline{DC}$, $\overline{AD} /\!/ \overline{BC}$ ← 서로 만나지 않는 두 직선의 위치 관계
                          ↳ 마주보는 변
   ↳ 사각형 ABCD를 □ABCD와 같이 나타낸다.

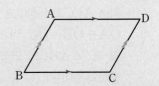

정답과 풀이 9쪽

[01~04] 다음 그림과 같은 평행사변형 ABCD에서 ∠x, ∠y의 크기를 각각 구하시오.

01

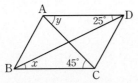

> **TIP** 평행한 두 직선에서 엇각의 크기는 같다.

02

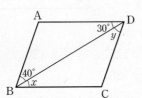

03

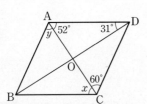

04

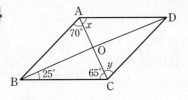

[05~08] 다음 그림과 같은 평행사변형 ABCD에서 ∠x의 크기를 구하시오.

05

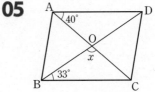

06

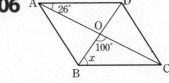

07

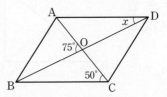

08

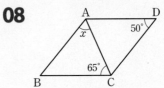

13 평행사변형의 성질 (1)

평행사변형 ABCD에서

1. 두 쌍의 대변의 길이는 각각 같다.
➡ $\overline{AB}=\overline{DC}$, $\overline{AD}=\overline{BC}$

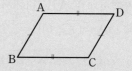

2. 두 쌍의 대각의 크기는 각각 같다.
➡ $\angle A = \angle C$, $\angle B = \angle D$

→ 사각형의 네 내각의 크기의 합은 360°이다.
참고 평행사변형에서 이웃하는 두 내각의 크기의 합은 180°이다.
즉, $2(\angle a + \angle b) = 360°$에서 $\angle a + \angle b = 180°$

 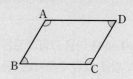

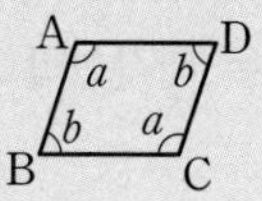

정답과 풀이 9쪽

[01~03] 다음 그림과 같은 평행사변형 ABCD에서 x, y의 값을 각각 구하시오.

01
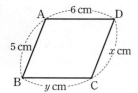

02
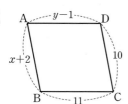

03
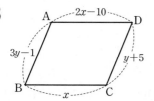

[04~07] 다음 그림과 같은 평행사변형 ABCD에서 $\angle x$의 크기를 구하시오.

04
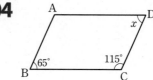

05
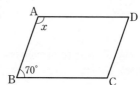

TIP 평행사변형에서 이웃하는 두 내각의 크기의 합은 180°이다.

06
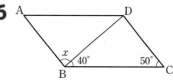

07
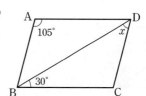

14 평행사변형의 성질(2)

학습날짜 : 월 일 / 학습결과 :

평행사변형 ABCD에서 두 대각선은 서로 다른 것을 이등분한다.

➡ $\overline{OA}=\overline{OC}$, $\overline{OB}=\overline{OD}$ (단, 점 O는 두 대각선의 교점이다.)

참고 점 O는 $\overline{AC}$, $\overline{BD}$의 중점이므로 $\overline{OA}=\overline{OC}=\frac{1}{2}\overline{AC}$, $\overline{OB}=\overline{OD}=\frac{1}{2}\overline{BD}$

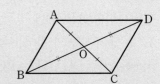

정답과 풀이 9쪽

[01~04] 다음 그림과 같은 평행사변형 ABCD에서 x, y의 값을 각각 구하시오. (단, 점 O는 두 대각선의 교점이다.)

01

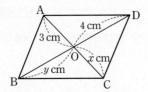

02

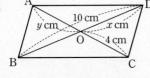

TIP $\overline{OA}=\overline{OC}=\frac{1}{2}\overline{AC}$, $\overline{OB}=\overline{OD}=\frac{1}{2}\overline{BD}$임을 이용한다.

03

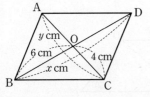

04

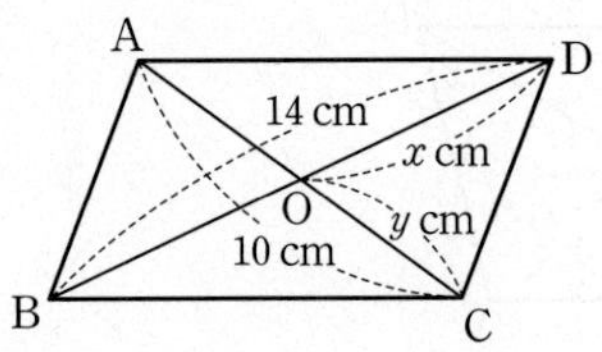

[05~11] 오른쪽 그림의 평행사변형 ABCD에 대하여 다음 중 옳은 것은 ○표, 옳지 않은 것은 ×표를 하시오. (단, 점 O는 두 대각선의 교점이다.)

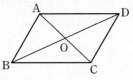

05 $\overline{AB}=\overline{DC}$ ( )

06 $\overline{BC}=\overline{CD}$ ( )

07 $\angle BAD=\angle BCD$ ( )

08 $\angle BCD+\angle CDA=180^{\circ}$ ( )

09 $\overline{OA}=\overline{OC}$ ( )

10 $\overline{OB}=\overline{OC}$ ( )

11 $\triangle AOB\equiv\triangle COD$ ( )

15 평행사변형이 되는 조건

사각형 ABCD가 다음 조건 중 하나를 만족하면 평행사변형이 된다.

1. 두 쌍의 대변이 각각 평행하다. ➡ $\overline{AB}/\!/\overline{DC}$, $\overline{AD}/\!/\overline{BC}$ ⟶ 평행사변형의 뜻

2. 두 쌍의 대변의 길이가 각각 같다. ➡ $\overline{AB}=\overline{DC}$, $\overline{AD}=\overline{BC}$

3. 두 쌍의 대각의 크기가 각각 같다. ➡ ∠A = ∠C, ∠B = ∠D

4. 두 대각선이 서로 다른 것을 이등분한다.
   ➡ $\overline{OA}=\overline{OC}$, $\overline{OB}=\overline{OD}$ (단, 점 O는 두 대각선의 교점이다.)

5. 한 쌍의 대변이 평행하고, 그 길이가 같다. ➡ $\overline{AD}/\!/\overline{BC}$, $\overline{AD}=\overline{BC}$
   참고 $\overline{AD}/\!/\overline{BC}$, $\overline{AD}=\overline{BC}$인 □ABCD에서 대각선 BD를 그으면
   △ABD≡△CDB(SAS 합동)이므로 ∠ABD=∠CDB로부터 $\overline{AB}/\!/\overline{DC}$이다.

1. 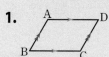 **2.** 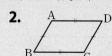 **3.** 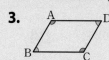 **4.** 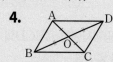 **5.**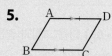

정답과 풀이 10쪽

[01~06] 오른쪽 그림의 사각형 ABCD가 평행사변형이 되기 위한 조건으로 옳은 것은 ○표, 옳지 않은 것은 ✕표를 하시오. (단, 점 O는 두 대각선의 교점이다.)

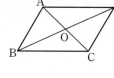

01 $\overline{AB}/\!/\overline{DC}$, $\overline{AD}/\!/\overline{BC}$ (   )

02 $\overline{AB}=\overline{DC}$, $\overline{AD}=\overline{BC}$ (   )

03 ∠BAD=∠BCD, ∠ABC=∠CDA
                              (   )

04 $\overline{AO}=\dfrac{1}{2}\overline{AC}$, $\overline{BO}=\dfrac{1}{2}\overline{BD}$ (   )

05 ∠BAD=∠CDA, ∠ABC=∠BCD
                              (   )

06 $\overline{AB}=\overline{DC}$, $\overline{AB}/\!/\overline{DC}$ (   )

[07~11] 다음 그림과 같은 사각형 ABCD가 평행사변형이 되도록 하는 x, y의 값을 각각 구하시오. (단, 점 O는 두 대각선의 교점이다.)

07
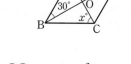

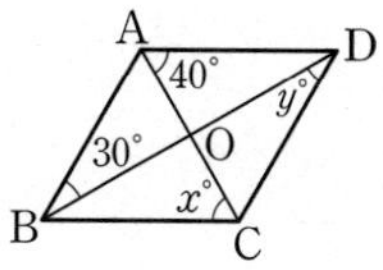

08
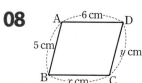

09

10
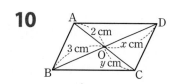

11

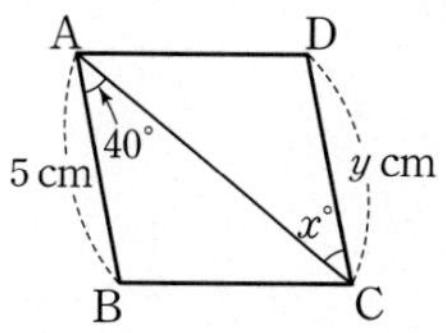

16 평행사변형의 성질을 이용하여 넓이 구하기

평행사변형 ABCD에서 두 대각선의 교점을 O라고 할 때,

1. 한 대각선은 평행사변형의 넓이를 반으로 나눈다.

➡ $\triangle ABC = \triangle BCD = \triangle CDA = \triangle DAB = \dfrac{1}{2}\square ABCD$

2. 두 대각선에 의해 나누어지는 네 개의 삼각형의 넓이는 모두 같다.

➡ $\triangle OAB = \triangle OBC = \triangle OCD = \triangle ODA = \dfrac{1}{4}\square ABCD$

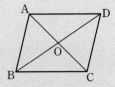

3. 점 P가 평행사변형 ABCD 내부의 임의의 점일 때,

$\triangle PAB + \triangle PCD = \triangle PAD + \triangle PBC = \dfrac{1}{2}\square ABCD$

참고 밑변의 길이와 높이가 각각 같은 두 삼각형의 넓이는 같다.

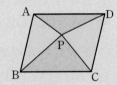

정답과 풀이 10쪽

[01~06] 다음 그림과 같은 평행사변형 ABCD의 넓이가 $60\ \text{cm}^2$일 때, 색칠한 부분의 넓이를 구하시오.
(단, 점 O는 두 대각선의 교점이다.)

04

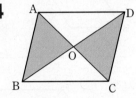

01

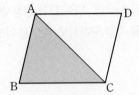

> **TIP** $\triangle ABC \equiv \triangle CDA$

05

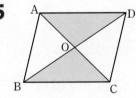

02

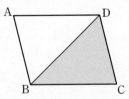

03

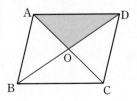

06

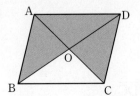

[07~08] 다음 그림과 같은 평행사변형 ABCD의 넓이가 40 cm²일 때, 색칠한 부분의 넓이를 구하시오.

07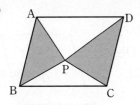

08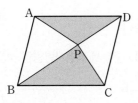

09 오른쪽 그림과 같은 평행사변형 ABCD의 내부의 한 점 P에 대하여 △PAB=10 cm², □ABCD=64 cm²일 때, △PCD의 넓이를 구하시오.

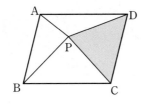

10 오른쪽 그림과 같은 평행사변형 ABCD의 내부의 한 점 P에 대하여 △PBC=15 cm², □ABCD=50 cm²일 때, △PAD의 넓이를 구하시오.

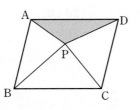

11 오른쪽 그림과 같은 평행사변형 ABCD의 내부의 한 점 P에 대하여 △PAB+△PCD =23 cm² 일 때, □ABCD의 넓이를 구하시오.

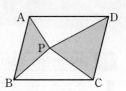

12 오른쪽 그림과 같은 평행사변형 ABCD의 내부의 한 점 P에 대하여 △PAD+△PBC =16 cm² 일 때, □ABCD의 넓이를 구하시오.

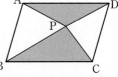

[13~14] 다음 그림과 같은 평행사변형 ABCD에서 색칠한 부분의 넓이를 구하시오.

13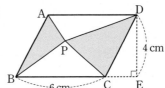

14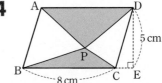

13 평행사변형의 성질(1)

1 오른쪽 그림과 같은 평
행사변형 ABCD에서
$\overline{AB}=7$, $\overline{AD}=10$일
때, $x+y$의 값은?

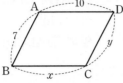

① 7　　　　② 10　　　　③ 14

④ 17　　　　⑤ 20

2 오른쪽 그림과 같은 평행사
변형 ABCD에서
$\angle B=80°$,
$\angle CAD=40°$일 때,
$\angle ACD$의 크기는?

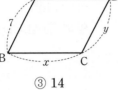

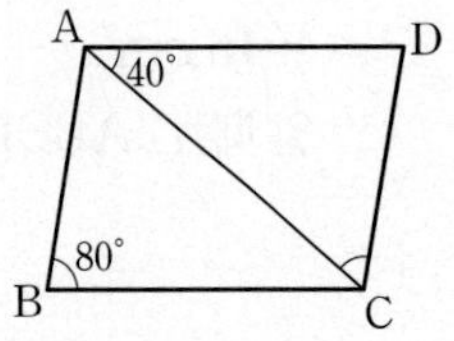

① 40°　　　　② 45°　　　　③ 50°

④ 55°　　　　⑤ 60°

3 오른쪽 그림과 같은 평행
사변형 ABCD에서 점
E는 변 BC의 연장선 위
의 점이다. $\angle A=116°$일
때, $\angle x+\angle y$의 크기는?

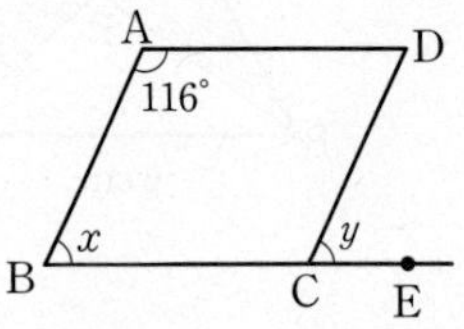

① 120°　　　　② 124°　　　　③ 128°

④ 132°　　　　⑤ 136°

14 평행사변형의 성질(2)

4 오른쪽 그림의 평행사변
형 ABCD에서 점 O는
두 대각선의 교점이다.
$\overline{AC}=6\,cm$,
$\overline{BD}=8\,cm$,
$\overline{CD}=5\,cm$일 때,
$\triangle OAB$의 둘레의 길이는?

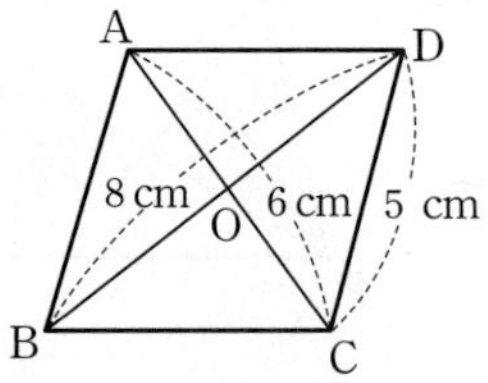

① 10 cm　　　② 11 cm　　　③ 12 cm

④ 13 cm　　　⑤ 14 cm

15 평행사변형이 되는 조건

5 다음 사각형 ABCD 중에서 평행사변형인 것은?

① 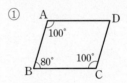　　②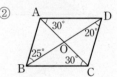

③ 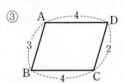　　④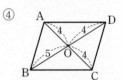

⑤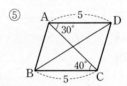

16 평행사변형의 성질을 이용하여 넓이 구하기

6 오른쪽 그림에서 점 O는 평
행사변형 ABCD의 두 대각
선의 교점이다. $\triangle AOB$의
넓이가 10 cm²일 때,
$\square ABCD$의 넓이는?

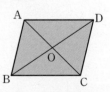

① 20 cm²　　　② 30 cm²　　　③ 40 cm²

④ 50 cm²　　　⑤ 60 cm²

꼭 알아야 할 개념

	1차	2차	시험 직전
평행사변형의 성질 이해하기			
평행사변형이 되는 조건 이해하기			

실력을 점검해 보자.

형성 평가

학습날짜 : 월 일 / 학습결과 :

정답과 풀이 11쪽

1 오른쪽 그림과 같은 평행사변형 ABCD에서 $\overline{AD}=4x$, $\overline{AO}=3x-2$, $\overline{BC}=2x+10$일 때, $\overline{AC}$의 길이를 구하시오.

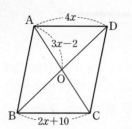

2 오른쪽 그림과 같은 평행사변형 ABCD에서 $\angle A : \angle D = 2 : 1$일 때, $\angle B$의 크기는?

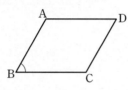

① 60°　② 65°　③ 70°
④ 75°　⑤ 80°

3 오른쪽 그림과 같은 평행사변형 ABCD에서 $\overline{BC}$의 중점을 E라고 할 때, $\overline{CF}$의 길이를 구하시오.

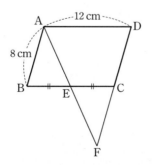

4 오른쪽 그림과 같은 평행사변형 ABCD에서 $\angle A$의 이등분선이 $\overline{BC}$와 만나는 점을 E라고 하자. $\overline{AB}=4$ cm, $\overline{AD}=6$ cm일 때, $\overline{EC}$의 길이는?

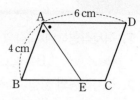

① 1 cm　② 1.5 cm　③ 2 cm
④ 2.5 cm　⑤ 3 cm

5 오른쪽 그림과 같은 평행사변형 ABCD에서 점 O는 두 대각선의 교점이고, 점 O를 지나는 직선이 $\overline{AD}$, $\overline{BC}$와 만나는 점을 각각 E, F라고 하자. □ABCD의 넓이가 36 cm^2일 때, 색칠한 부분의 넓이는?

① 8 cm^2　② 9 cm^2　③ 10 cm^2
④ 11 cm^2　⑤ 12 cm^2

난 풀 수 있다. 고난도!!

도전 고난도

6 오른쪽 그림과 같은 평행사변형 ABCD에서 $\angle B$와 $\angle D$의 이등분선이 $\overline{AD}$, $\overline{BC}$와 만나는 점을 각각 E, F라고 할 때, □EBFD는 어떤 사각형인지 구하시오.

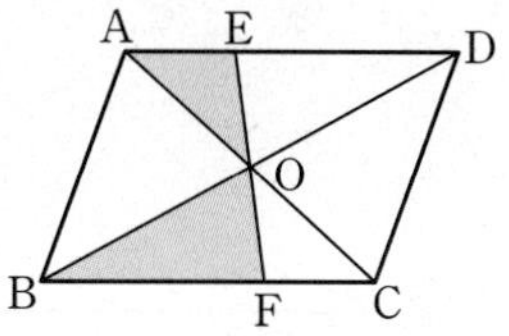

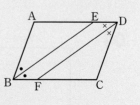

17 직사각형의 뜻과 성질

1. 직사각형: 네 내각의 크기가 모두 같은 사각형

➡ $\angle A = \angle B = \angle C = \angle D = 90°$

2. 직사각형의 성질: 직사각형의 두 대각선은 길이가 같고 서로 다른 것을 이등분한다.　┌→ 평행사변형의 성질

➡ $\overline{AC} = \overline{BD}$, $\overline{OA} = \overline{OB} = \overline{OC} = \overline{OD}$ (단, 점 O는 두 대각선의 교점이다.)

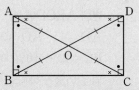

참고 직사각형은 평행사변형이므로 평행사변형의 성질을 모두 가진다.

정답과 풀이 12쪽

[01~08] 다음 그림과 같은 직사각형 ABCD에서 x의 값을 구하시오. (단, 점 O는 두 대각선의 교점이다.)

01

02

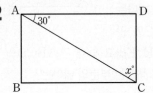

03

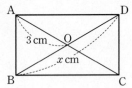

04

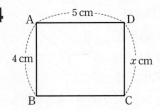

05

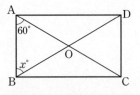

TIP $\overline{OA} = \overline{OB}$이므로 △OAB는 이등변삼각형임을 이용한다.

06

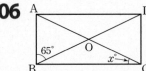

07

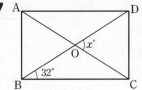

08

A
110°
O
$x°$
B   C

18 평행사변형이 직사각형이 되는 조건

평행사변형이 다음 조건 중 하나를 만족하면 직사각형이 된다.

1. 한 내각이 직각이다.

　예 ∠A＝90°인 평행사변형 ABCD는 직사각형이다.

2. 두 대각선의 길이가 같다.

　예 $\overline{AC}＝\overline{BD}$인 평행사변형 ABCD는 직사각형이다.

　참고 평행사변형은 이웃한 두 내각의 크기의 합이 180°이므로 한 내각의 크기가 90°이면 이웃한 내각의 크기도 90°가 된다. 이 경우 평행사변형은 두 쌍의 대각의 크기가 각각 같으므로 네 내각이 모두 90°가 된다.

> 정답과 풀이 12쪽

[01~05] 오른쪽 그림과 같은 평행사변형 ABCD에서 점 O는 두 대각선의 교점일 때, 다음 중 직사각형이 되는 조건으로 옳은 것은 ○표, 옳지 <u>않은</u> 것은 ×표를 하시오.

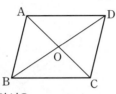

01 ∠BAD＝∠BCD 　　　(　　　)

02 $\overline{AC}＝\overline{BD}$ 　　　(　　　)

03 $\overline{OA}＝\overline{OD}$ 　　　(　　　)

04 ∠ABC＝90° 　　　(　　　)

05 $\overline{OA}⊥\overline{BD}$ 　　　(　　　)

[06~10] 다음 그림과 같은 평행사변형 ABCD가 직사각형이 되도록 하는 x의 값을 구하시오. (단, 점 O는 두 대각선의 교점이다.)

06

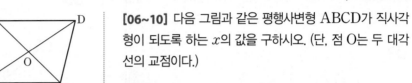

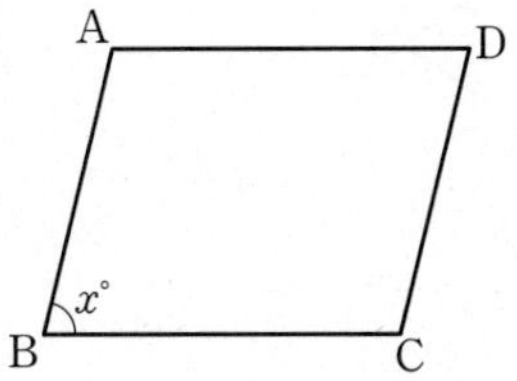

07

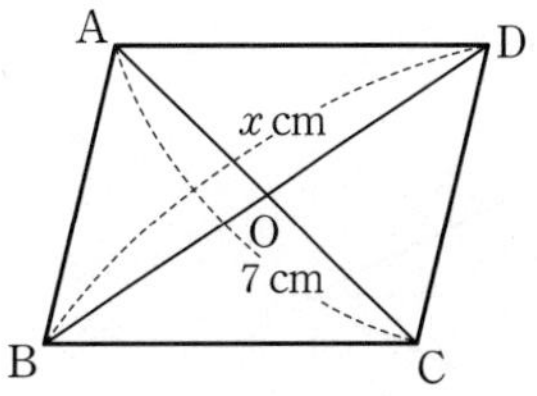

08

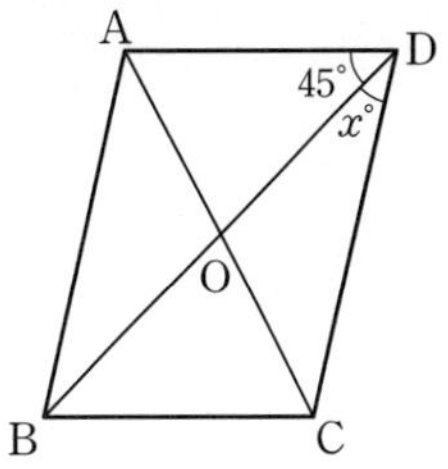

09

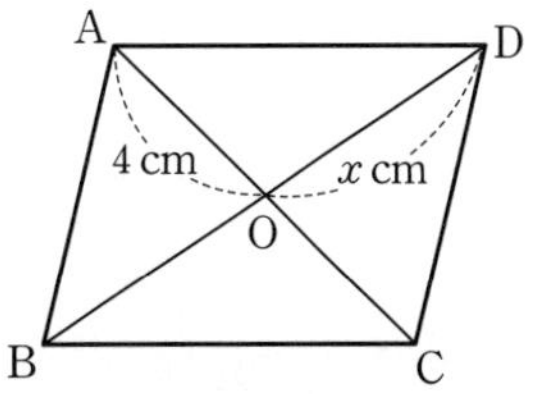

10

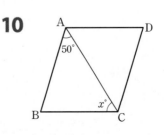

19 마름모의 뜻과 성질

학습날짜 :   월   일 / 학습결과 :

1. 마름모: 네 변의 길이가 모두 같은 사각형
➡ $\overline{AB}=\overline{BC}=\overline{CD}=\overline{DA}$

2. 마름모의 성질: 두 대각선은 서로 다른 것을 수직이등분한다.
➡ $\overline{AC}\perp\overline{BD}$, $\overline{OA}=\overline{OC}$, $\overline{OB}=\overline{OD}$ (단, 점 O는 두 대각선의 교점이다.)

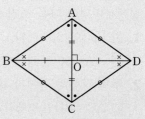

참고 • 마름모는 평행사변형이므로 평행사변형의 성질을 모두 가진다.
• 마름모의 대각선은 내각을 이등분한다. 즉, $\overline{AC}$는 ∠A, ∠C의 이등분선, $\overline{BD}$는 ∠B, ∠D의 이등분선이다.

정답과 풀이 13쪽

[01~08] 다음 그림과 같은 마름모 ABCD에서 x의 값을 구하시오. (단, 점 O는 두 대각선의 교점이다.)

01
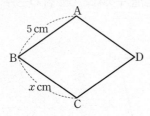

02
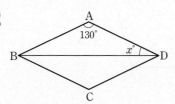

03
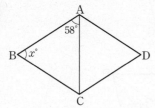

04
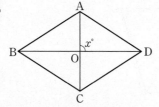

05
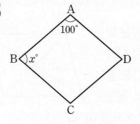

06
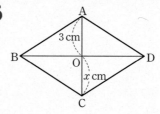

07
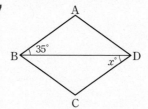

08
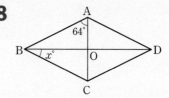

20 평행사변형이 마름모가 되는 조건

평행사변형이 다음 조건 중 하나를 만족하면 마름모가 된다.

1. 이웃하는 두 변의 길이가 같다.

　예　$\overline{AB}=\overline{BC}$인 평행사변형 ABCD는 마름모이다.

2. 두 대각선은 서로 수직이다. ┌→ 두 대각선이 이루는 각의 크기가 90°이다. 즉, 직교한다.

　예　$\overline{AC}\perp\overline{BD}$인 평행사변형 ABCD는 마름모이다.

　참고　평행사변형은 두 쌍의 대변의 길이가 각각 같으므로 이웃하는 두 변의 길이가 같으면 네 변의 길이가 모두 같아진다.

정답과 풀이 13쪽

[01~05] 오른쪽 그림과 같은 평행사변형 ABCD에서 점 O는 두 대각선의 교점일 때, 다음 중 마름모가 되는 조건으로 옳은 것은 ○표, 옳지 <u>않은</u> 것은 ✕표를 하시오.

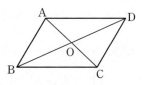

01 ∠BAD=∠ADC 　　　　　(　　)

02 $\overline{AC}=\overline{BD}$ 　　　　　(　　)

03 $\overline{AB}=\overline{AD}$ 　　　　　(　　)

04 ∠ABC=90° 　　　　　(　　)

05 $\overline{OA}\perp\overline{BD}$ 　　　　　(　　)

[06~10] 다음 그림과 같은 평행사변형 ABCD가 마름모가 되도록 하는 x의 값을 구하시오. (단, 점 O는 두 대각선의 교점이다.)

06

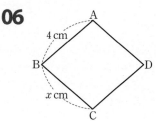

07

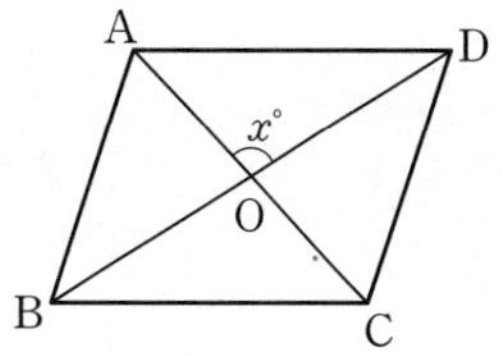

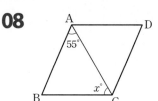

08

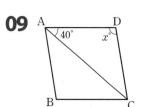

09

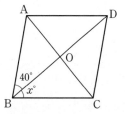

10

21 정사각형의 뜻과 성질

1. **정사각형**: 네 변의 길이가 모두 같고, 네 내각의 크기가 모두 같은 사각형
   ➡ $\overline{AB}=\overline{BC}=\overline{CD}=\overline{DA}$, $\angle A=\angle B=\angle C=\angle D=90°$

2. **정사각형의 성질**: 정사각형의 두 대각선은 길이가 같고, 서로 다른 것을 수직이등분한다.
   ➡ $\overline{AC}\perp\overline{BD}$, $\overline{OA}=\overline{OB}=\overline{OC}=\overline{OD}$ (단, 점 O는 두 대각선의 교점이다.)

   참고 정사각형은 직사각형이면서 마름모인 평행사변형이므로 직사각형, 마름모, 평행사변형의 성질을 모두 가진다.

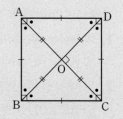

정답과 풀이 14쪽

[01~04] 다음 그림과 같은 정사각형 ABCD에서 x의 값을 구하시오. (단, 점 O는 두 대각선의 교점이다.)

01

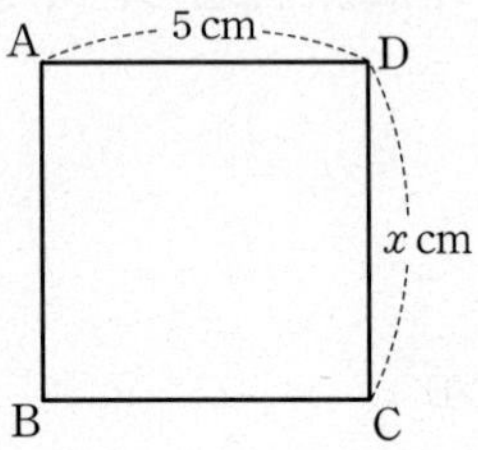

02

03

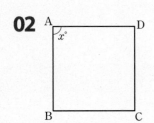

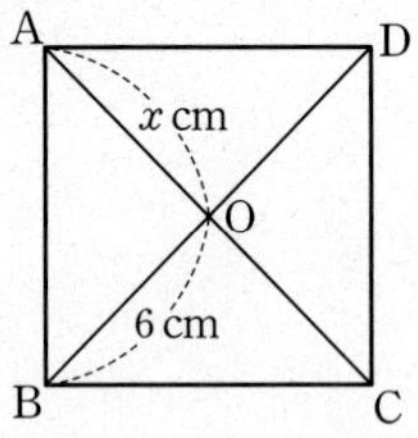

04

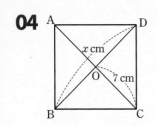

[05~08] 다음 그림과 같은 정사각형 ABCD에서 $\angle x$의 크기를 구하시오. (단, 점 O는 두 대각선의 교점이다.)

05

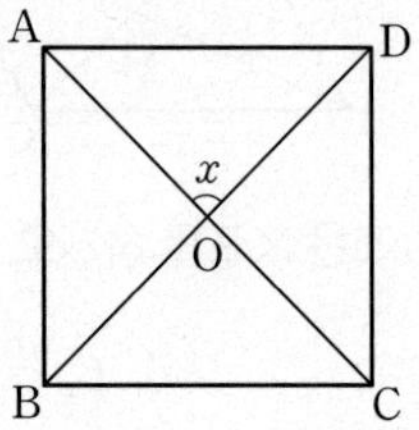

06

07

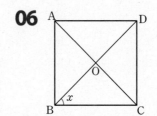

08

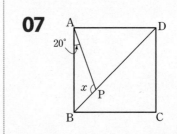

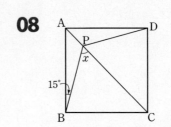

22 정사각형이 되는 조건

1. 직사각형이 정사각형이 되는 조건 → 평행사변형이 마름모가 되는 조건과 같다.

　(1) 이웃하는 두 변의 길이가 같다.

　(2) 두 대각선은 서로 수직이다.

2. 마름모가 정사각형이 되는 조건 → 평행사변형이 직사각형이 되는 조건과 같다.

　(1) 한 내각이 직각이다.

　(2) 두 대각선의 길이가 같다.

　참고 평행사변형이 정사각형이 되려면 직사각형이 되는 조건과 마름모가 되는 조건 중 각각 한 가지씩을 더 만족해야 한다.

정답과 풀이 14쪽

[01~04] 다음 그림과 같은 평행사변형 ABCD가 정사각형이 되도록 하는 x, y의 값을 각각 구하시오. (단, 점 O는 두 대각선의 교점이다.)

01

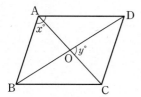

> **TIP** 평행사변형이 직사각형이 되기 위한 조건과 마름모가 되기 위한 조건을 각각 한가지씩 만족하도록 한다.

02

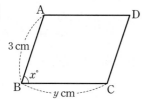

03

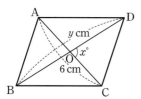

04

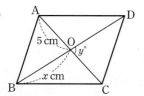

[05~06] 다음 그림과 같은 직사각형 ABCD가 정사각형이 되도록 하는 x의 값을 구하시오. (단, 점 O는 두 대각선의 교점이다.)

05

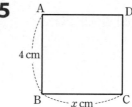

06

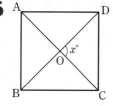

[07~08] 다음 그림과 같은 마름모 ABCD가 정사각형이 되도록 하는 x의 값을 구하시오. (단, 점 O는 두 대각선의 교점이다.)

07

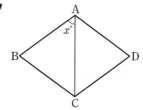

08

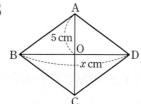

여러 가지 사각형의 대각선의 성질을 살펴보면 다음과 같다.

1. 평행사변형의 두 대각선은 서로 다른 것을 이등분한다.

2. 직사각형의 두 대각선은 길이가 같고, 서로 다른 것을 이등분한다.

3. 마름모의 두 대각선은 서로 다른 것을 수직이등분한다.

4. 정사각형의 두 대각선은 길이가 같고, 서로 다른 것을 수직이등분한다.

참고 사각형의 대각선의 성질을 비교하면 사각형 사이의 관계를 알 수 있다.

평행사변형　　　　　직사각형　　　　　마름모　　　　　정사각형

정답과 풀이 14쪽

[01~06] 다음 중 옳은 것은 ○표, 옳지 <u>않은</u> 것은 ×표를 하시오.

01 평행사변형은 두 대각선의 길이가 같다. (　　　)

02 직사각형은 두 대각선이 서로 다른 것을 이등분한다.
(　　　)

03 마름모는 두 대각선이 서로 다른 것을 수직이등분한다. (　　　)

04 두 대각선이 서로 수직인 평행사변형은 직사각형이다. (　　　)

05 두 대각선의 길이가 같은 평행사변형은 직사각형이다. (　　　)

06 정사각형은 두 대각선이 서로 다른 것을 수직이등분한다. (　　　)

[07~09] 주어진 성질을 만족하는 사각형을 〈보기〉에서 모두 골라 쓰시오.

┤ 보기 ├
ㄱ. 평행사변형　　　　ㄴ. 직사각형
ㄷ. 마름모　　　　　　ㄹ. 정사각형

07 두 대각선이 서로 다른 것을 이등분한다.

08 두 대각선의 길이가 같다.

09 두 대각선이 직교한다.

TIP (직교한다.)=(수직으로 만난다.)

[10~14] 오른쪽 그림과 같은 □ABCD에서 점 O는 $\overline{AC}$, $\overline{BD}$의 교점일 때, 다음 중 옳은 것은 ○표, 옳지 <u>않은</u> 것은 ×표를 하시오.

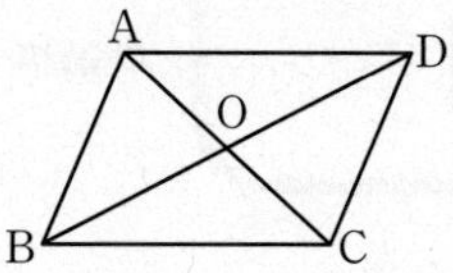

10 □ABCD가 평행사변형이면 $\overline{OA}=\overline{OB}$, $\overline{OC}=\overline{OD}$이다. (　　)

11 □ABCD가 평행사변형이면 $\overline{OA}=\overline{OC}$, $\overline{OB}=\overline{OD}$이다. (　　)

12 □ABCD가 직사각형이면 $\overline{OA}=\overline{OB}=\overline{OC}=\overline{OD}$이다. (　　)

13 □ABCD가 마름모이면 $\overline{OA}=\overline{OB}$, $\overline{OC}=\overline{OD}$이고, $\angle AOD=90°$이다. (　　)

14 □ABCD가 정사각형이면 $\overline{OA}=\overline{OB}=\overline{OC}=\overline{OD}$이고, $\overline{OA}\perp\overline{BD}$이다. (　　)

[15~19] 오른쪽 그림과 같은 □ABCD에서 점 O는 $\overline{AC}$, $\overline{BD}$의 교점일 때, ☐ 안에 ⊥, = 중에서 알맞은 기호를 쓰시오.

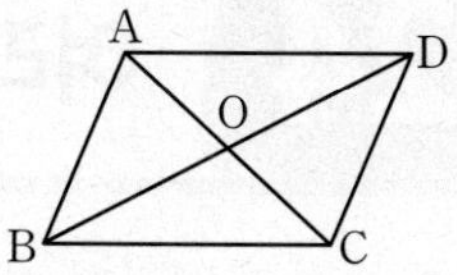

15 □ABCD가 평행사변형이면 $\overline{OA}\ \boxed{}\ \overline{OC}$, $\overline{OB}\ \boxed{}\ \overline{OD}$이다.

16 □ABCD가 마름모이면 $\overline{AC}\ \boxed{}\ \overline{BD}$이다.

17 □ABCD가 직사각형이면 $\overline{AC}\ \boxed{}\ \overline{BD}$이다.

18 □ABCD가 마름모일 때 정사각형이 되기 위한 조건은 $\overline{AC}\ \boxed{}\ \overline{BD}$이다.

TIP 정사각형은 직사각형과 마름모의 성질을 모두 가지는 평행사변형이다.

19 □ABCD가 직사각형일 때 정사각형이 되기 위한 조건은 $\overline{AC}\ \boxed{}\ \overline{BD}$이다.

24 여러 가지 사각형의 관계

여러 가지 사각형 사이의 관계를 그림으로 나타내면 다음과 같다.

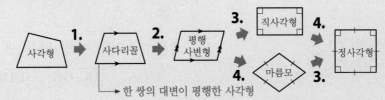

1. 한 쌍의 대변이 평행하다. ➡ 사각형이 사다리꼴이 되는 조건
2. 다른 한 쌍의 대변이 평행하다. ➡ 이 외에도 평행사변형이 되는 조건 중 하나를 만족하면 된다.
3. 한 내각이 직각이거나 두 대각선의 길이가 같다. ➡ 평행사변형이 직사각형이 되는 조건
4. 이웃하는 두 변의 길이가 같거나 두 대각선이 직교한다. ➡ 평행사변형이 마름모가 되는 조건

> 참고 정사각형이 되려면 직사각형이 되는 조건과 마름모가 되는 조건을 모두 만족해야 한다.

정답과 풀이 15쪽

[01~12] 다음 중 옳은 것은 ○표, 옳지 <u>않은</u> 것은 ×표를 하시오.

01 직사각형은 두 쌍의 대변이 각각 평행하다.
( )

02 마름모는 한 내각의 크기가 90°이다. ( )

03 직사각형은 이웃하는 두 내각의 크기의 합이 180°이다. ( )

04 정사각형은 두 쌍의 대각의 크기가 각각 같다.
( )

05 정사각형의 대각선은 한 내각을 이등분한다.
( )

06 직사각형은 이웃하는 두 변의 길이가 같다.
( )

07 한 내각의 크기가 90°인 평행사변형은 직사각형이다.
( )

08 이웃하는 두 변의 길이가 같은 평행사변형은 정사각형이다.
( )

09 두 대각선의 길이가 같은 평행사변형은 마름모이다.
( )

10 이웃하는 두 변의 길이가 같은 직사각형은 정사각형이다.
( )

11 두 대각선의 길이가 같은 마름모는 정사각형이다.
( )

12 두 대각선이 직교하는 평행사변형은 직사각형이다.
( )

[13~17] 주어진 사각형이 만족하는 성질을 〈보기〉에서 모두 골라 쓰시오.

┌ 보기 ├────────────────────────────┐
ㄱ. 한 쌍의 대변이 평행하다.
ㄴ. 두 쌍의 대변이 각각 평행하다.
ㄷ. 두 쌍의 대변의 길이가 각각 같다.
ㄹ. 두 쌍의 대각의 크기가 각각 같다.
ㅁ. 두 대각선이 서로 다른 것을 이등분한다.
ㅂ. 두 대각선의 길이가 같다.
ㅅ. 두 대각선이 서로 수직이다.
└──────────────────────────────────┘

13 사다리꼴

14 평행사변형

15 직사각형

16 마름모

17 정사각형

[18~23] 오른쪽 그림과 같은 $\square$ABCD에서 점 O는 $\overline{AC}$, $\overline{BD}$의 교점일 때, $\square$ 안에 알맞은 것을 쓰시오.

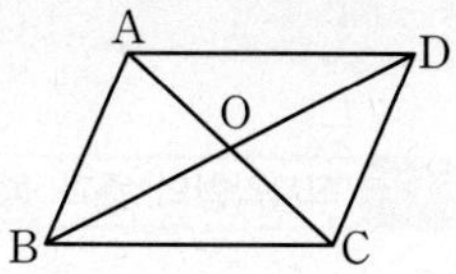

18 $\overline{AB}=\boxed{}$, $\overline{AD}=\boxed{}$이면 $\square$ABCD는 평행사변형이다.

19 $\overline{AB} /\!/ \boxed{}$, $\overline{AD} /\!/ \boxed{}$이고, $\overline{AC}=\boxed{}$이면 $\square$ABCD는 직사각형이다.

20 $\angle BAD=\boxed{}$, $\angle ABC=\angle ADC$이고, $\overline{AB}=\boxed{}$이면 $\square$ABCD는 마름모이다.

21 $\overline{OA}=\boxed{}$, $\overline{OB}=\boxed{}$이고, $\overline{AB}\perp\boxed{}$이면 $\square$ABCD는 직사각형이다.

22 $\overline{AB} /\!/ \boxed{}$, $\overline{AD} /\!/ \boxed{}$이고, $\overline{AC}\perp\boxed{}$이면 $\square$ABCD는 마름모이다.

23 $\overline{AB} /\!/ \boxed{}$, $\overline{BC} /\!/ \boxed{}$이고, $\overline{AC}\perp\boxed{}$, $\overline{AC}=\boxed{}$이면 $\square$ABCD는 정사각형이다.

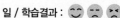

17 직사각형의 뜻과 성질

1 오른쪽 그림과 같은 직사각형 ABCD에서 ∠CAD=26°일 때, ∠x의 크기는? (단, 점 O는 두 대각선의 교점이다.)

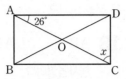

① 56°　　② 58°　　③ 60°
④ 62°　　⑤ 64°

18 평행사변형이 직사각형이 되는 조건

2 다음 중 오른쪽 평행사변형 ABCD가 직사각형이 되기 위한 조건을 모두 고르면? (단, 점 O는 두 대각선의 교점이다.) (정답 2개)

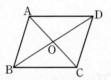

① ∠BAD=90°
② ∠BAD=∠BCD
③ $\overline{AC}=\overline{BD}$
④ $\overline{AC}\perp\overline{BD}$
⑤ $\overline{AB}=\overline{DC}$

19 마름모의 뜻과 성질

3 오른쪽 그림과 같은 마름모 ABCD에서 $\overline{AB}=5$일 때, $x+y$의 값은? (단, 점 O는 두 대각선의 교점이다.)

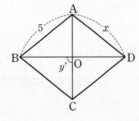

① 85　　② 90
③ 95　　④ 100
⑤ 105

20 평행사변형이 마름모가 되는 조건

4 다음 중 오른쪽 평행사변형 ABCD가 마름모가 되는 조건을 모두 고르면? (단, 점 O는 두 대각선의 교점이다.) (정답 2개)

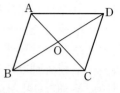

① $\overline{AB}=\overline{DC}$　　② $\overline{AB}=\overline{AD}$
③ ∠BAD=∠ABC　④ $\overline{AC}=\overline{BD}$
⑤ $\overline{AC}\perp\overline{BD}$

23 여러 가지 사각형의 대각선의 성질

5 다음 중 두 대각선의 길이가 같은 사각형으로만 짝 지어진 것은?

① 평행사변형, 직사각형
② 평행사변형, 마름모
③ 직사각형, 마름모
④ 직사각형, 정사각형
⑤ 마름모, 정사각형

24 여러 가지 사각형의 관계

6 다음 설명 중 옳지 않은 것은?

① 한 내각이 직각인 평행사변형은 직사각형이다.
② 두 대각선이 직교하는 평행사변형은 마름모이다.
③ 두 대각선의 길이가 같은 평행사변형은 정사각형이다.
④ 이웃하는 두 변의 길이가 같은 평행사변형은 마름모이다.
⑤ 두 대각선이 서로 다른 것을 이등분하는 사각형은 평행사변형이다.

✎ 꼭 알아야 할 개념 📝

	1차	2차	시험 직전
직사각형, 마름모, 정사각형의 성질 이해하기			
여러 가지 사각형의 관계 이해하기			

1 오른쪽 그림과 같은 직 사각형 ABCD에서 두 대각선의 교점을 O라고 할 때, ∠BOC=130° 이다. $y-x$의 값은?

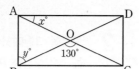

① 25   ② 30   ③ 35
④ 40   ⑤ 45

2 오른쪽 그림과 같은 마름모 ABCD에 대 하여 점 A에서 $\overline{CD}$ 에 내린 수선의 발을 E, $\overline{AE}$와 $\overline{BD}$의 교 점을 F라고 하자. ∠CBD=30°일 때, ∠DFE의 크기는?

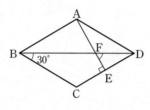

① 50°   ② 55°   ③ 60°
④ 65°   ⑤ 70°

3 사각형 ABCD에서 두 대각선의 교점을 O라고 할 때, 다음 조건을 모두 만족하는 사각형은?

> ㉠ $\overline{OA}=\overline{OB}$
> ㉡ ∠A=∠C, ∠B=∠D
> ㉢ $\overline{AB}=\overline{BC}$

① 사다리꼴   ② 평행사변형
③ 직사각형   ④ 마름모
⑤ 정사각형

[4~5] 다음 그림은 여러 가지 사각형 사이의 관계를 나타 낸 것이다. 물음에 답하시오.

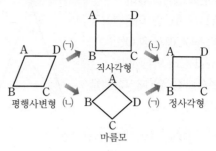

4 위의 (ㄱ)에 알맞은 조건을 모두 고르면? (정답 2개)

① ∠A=90°   ② $\overline{AB}=\overline{AD}$ ③ $\overline{AD}=\overline{BC}$
④ $\overline{AC}\perp\overline{BD}$ ⑤ $\overline{AC}=\overline{BD}$

5 위의 (ㄴ)에 알맞은 조건을 모두 고르면? (정답 2개)

① $\overline{AB}\perp\overline{BC}$ ② $\overline{AB}=\overline{BC}$ ③ $\overline{AC}\perp\overline{BD}$
④ $\overline{AC}=\overline{BD}$ ⑤ ∠B=90°

난 풀 수 있다. 고난도!!

도전 고난도

6 오른쪽 그림에서 □ABCD는 정사각형이고 $\overline{AD}=\overline{AE}$, ∠ABE=30°일 때, ∠ADE 의 크기를 구하시오.

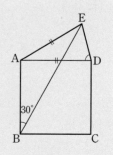

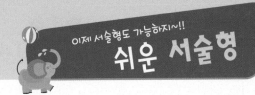
1 오른쪽 그림과 같이 $\overline{AB}=\overline{AC}$인 이등변삼각형 ABC에서 점 O는 △ABC의 외심이다. ∠A=40°일 때, 다음 물음에 답하시오.

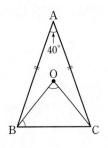

(1) ∠BOC의 크기를 구하시오.
(2) ∠OBC의 크기를 구하시오.

2 오른쪽 그림에서 점 I 는 직각삼각형 ABC 의 내심이고, 세 점 D, E, F는 각각 내접원과 △ABC의 접점이다. $\overline{AB}=10$ cm, $\overline{BC}=8$ cm, $\overline{AC}=6$ cm 일 때, 다음 물음에 답하시오.

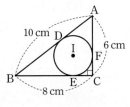

(1) △ABC의 넓이를 구하시오.
(2) 내접원 I의 반지름의 길이를 x cm라고 할 때, △IAB, △IBC, △ICA의 넓이를 각각 x에 대한 식으로 나타내시오.
(3) 내접원 I의 반지름의 길이를 구하시오.

3 오른쪽 그림과 같은 평행사변형 ABCD에서 ∠B의 이등분선이 $\overline{CD}$의 연장선과 만나는 점을 E, $\overline{BE}$와 $\overline{AD}$의 교점을 F라고 하자. $\overline{AB}=6$ cm, $\overline{BC}=9$ cm일 때, 다음 물음에 답하시오.

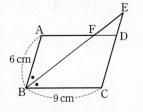

(1) $\overline{EC}$의 길이를 구하시오.
(2) $\overline{ED}$의 길이를 구하시오.

4 오른쪽 그림과 같은 정사각형 ABCD에서 $\overline{AE}=\overline{BF}$이고 점 G는 $\overline{AF}$와 $\overline{DE}$의 교점이다. ∠CDG=60°일 때, 다음 물음에 답하시오.

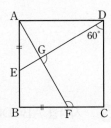

(1) 합동인 두 직각삼각형을 찾아 기호로 나타내시오.
(2) ∠DGF의 크기를 구하시오.
(3) ∠GFC의 크기를 구하시오.

V 도형의 닮음과 피타고라스 정리

한 장 공부 표					
	공부할 날짜를 계획해 봐요.	공부한 날짜를 기록해 봐요.	학습 결과를 체크해 봐요.	학습 과정, 학습 결과에 대한 원인을 생각해 볼까요?	학습 결과가 만족스럽지 못하다면 추가 학습을 해 봐요.
학습 내용	계획하기	학습하기	확인하기	분석하기	추가 학습하기
01장 01. 닮은 도형 02. 평면도형에서의 닮음의 성질	월 일	월 일	😊 😐 😣 잘함 보통 노력		월 일
02장 03. 입체도형에서의 닮음의 성질 04. 닮은 두 도형의 둘레의 길이의 비	월 일	월 일	😊 😐 😣		월 일
03장 05. 닮은 두 도형의 넓이의 비와 부피의 비	월 일	월 일	😊 😐 😣		월 일
04장 핵심 반복 / 형성 평가	월 일	월 일	😊 😐 😣		월 일
05장 06. 삼각형의 닮음조건	월 일	월 일	😊 😐 😣		월 일
06장 07. 삼각형의 닮음조건의 활용 08. 직각삼각형의 닮음	월 일	월 일	😊 😐 😣		월 일
07장 핵심 반복 / 형성 평가	월 일	월 일	😊 😐 😣		월 일
08장 09. 삼각형에서 평행선과 선분의 길이의 비(1)	월 일	월 일	😊 😐 😣		월 일
09장 10. 삼각형에서 평행선과 선분의 길이의 비(2) 11. 평행선 사이의 선분의 길이의 비	월 일	월 일	😊 😐 😣		월 일
10장 12. 사다리꼴에서의 선분의 길이의 비	월 일	월 일	😊 😐 😣		월 일
11장 핵심 반복 / 형성 평가	월 일	월 일	😊 😐 😣		월 일
12장 13. 삼각형의 두 변의 중점을 연결한 선분의 성질 14. 삼각형의 두 변의 중점을 연결한 선분의 성질의 활용	월 일	월 일	😊 😐 😣		월 일
13장 15. 삼각형의 중선과 무게중심	월 일	월 일	😊 😐 😣		월 일
14장 핵심 반복 / 형성 평가	월 일	월 일	😊 😐 😣		월 일
15장 16. 피타고라스 정리	월 일	월 일	😊 😐 😣		월 일
16장 17. 직각삼각형이 되는 조건 / 핵심 반복	월 일	월 일	😊 😐 😣		월 일
17장 형성 평가 / 쉬운 서술형	월 일	월 일	😊 😐 😣		월 일

17장으로 도형의 닮음과 피타고라스 정리 학습 끝!!

01 닮은 도형

1. 한 도형을 일정한 비율로 확대하거나 축소한 것이 다른 도형과 합동일 때, 두 도형을 서로 닮음인 관계에 있다고 한다.

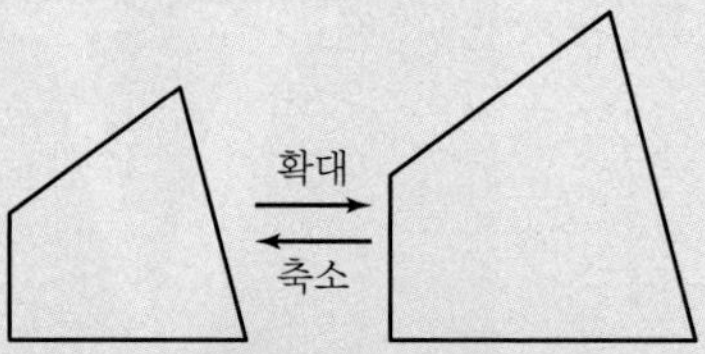

2. 닮은 도형: 서로 닮음인 관계에 있는 두 도형
△ABC와 △DEF가 서로 닮은 도형이다. ➡ △ABC∽△DEF

참고 닮은 두 도형을 기호를 사용하여 나타낼 때는 대응하는 꼭짓점의 순서대로 써야 한다.

△ABC∽△DEF

정답과 풀이 17쪽

[01~08] 다음 각각의 두 도형이 항상 닮은 도형이면 ○표, 닮은 도형이 아니면 ✕표를 하시오.

01 두 정삼각형 ( )

> **TIP** 정삼각형은 세 내각의 크기가 모두 60°로 같다.

02 두 직각삼각형 ( )

03 두 이등변삼각형 ( )

04 두 마름모 ( )

05 두 직사각형 ( )

06 두 정사각형 ( )

07 두 반원 ( )

08 두 원 ( )

[09~11] 아래 그림에서 △ABC∽△DEF일 때, 다음을 구하시오.

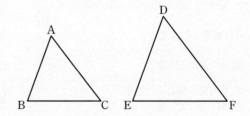

09 점 A에 대응하는 점

10 $\overline{AC}$에 대응하는 변

11 ∠F에 대응하는 각

[12~14] 아래 그림에서 □ABCD∽□EFGH일 때, 다음을 구하시오.

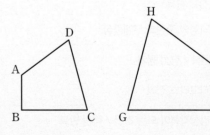

12 점 C에 대응하는 점

13 $\overline{CD}$에 대응하는 변

14 ∠B에 대응하는 각

02 평면도형에서의 닮음의 성질

닮은 두 평면도형에서 → □ABCD∽□A′B′C′D′일 때

1. 대응하는 변의 길이의 비는 일정하다.

➡ $\overline{AB} : \overline{A'B'} = \overline{BC} : \overline{B'C'} = \overline{CD} : \overline{C'D'} = \overline{AD} : \overline{A'D'}$

2. 대응하는 각의 크기는 각각 같다.

➡ $\angle A = \angle A'$, $\angle B = \angle B'$, $\angle C = \angle C'$, $\angle D = \angle D'$

3. 평면도형의 닮음비: 대응하는 변의 길이의 비

> 참고 • 닮음비가 1 : 1인 닮은 두 도형은 서로 합동이다.
> • 두 원은 항상 닮은 도형이고, 닮음비는 반지름의 길이의 비이다.

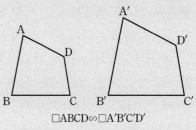

□ABCD∽□A′B′C′D′

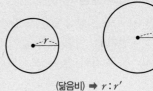

(닮음비) ➡ $r : r'$

정답과 풀이 17쪽

[01~05] 아래 그림에서 △ABC∽△DEF일 때, 다음을 구하시오.

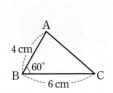 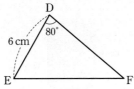

01 △ABC와 △DEF의 닮음비

> 닮은 두 평면도형에서 닮음비는 대응하는 변의 길이의 비이다.

02 ∠A의 크기

03 ∠E의 크기

04 ∠F의 크기

05 $\overline{EF}$의 길이

[06~10] 아래 그림에서 □ABCD∽□EFGH일 때, 다음을 구하시오.

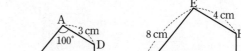 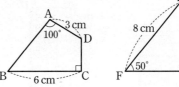

06 □ABCD와 □EFGH의 닮음비

07 ∠E의 크기

08 ∠H의 크기

09 $\overline{FG}$의 길이

10 $\overline{AB}$의 길이

03 입체도형에서의 닮음의 성질

닮은 두 입체도형에서

1. 대응하는 모서리의 길이의 비는 일정하다.

➡ $\overline{AB} : \overline{A'B'} = \overline{BC} : \overline{B'C'} = \overline{CD} : \overline{C'D'} = \overline{AD} : \overline{A'D'} = \cdots$

2. 대응하는 면은 각각 닮은 도형이다.

➡ □ABCD∽□A'B'C'D', □BFGC∽□B'F'G'C', ⋯

3. 입체도형의 닮음비: 대응하는 모서리의 길이의 비

> 참고
> • 두 구는 항상 닮은 도형이고, 닮음비는 반지름의 길이의 비이다.
> • 원기둥, 원뿔 등과 같이 모서리가 없는 입체도형의 경우, 닮음비는 밑면의 반지름의 길이, 높이, 모선의 길이를 이용하여 구할 수 있다.

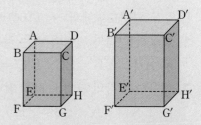

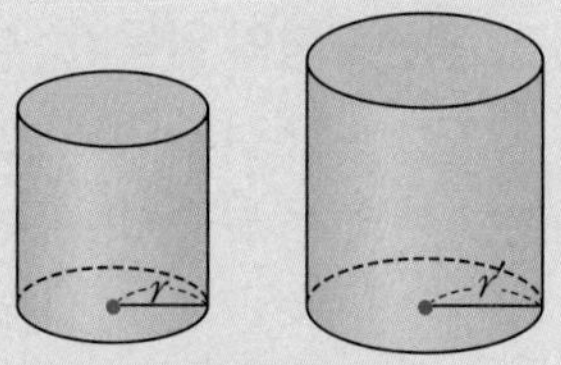

(닮음비) ➡ $r : r'$

정답과 풀이 17쪽

[01~05] 아래 그림의 두 직육면체는 서로 닮은 도형이다. $\overline{AB}$에 대응하는 모서리가 $\overline{A'B'}$일 때, 다음을 구하시오.

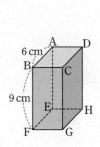 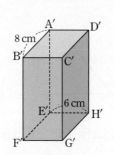

01 작은 직육면체와 큰 직육면체의 닮음비

02 $\overline{B'F'}$의 길이

03 $\overline{EH}$의 길이

04 □CGHD에 대응하는 면

05 □EFGH와 □E'F'G'H'의 닮음비

[06~08] 아래 그림의 두 원기둥 A와 B가 서로 닮은 도형일 때, 다음을 구하시오.

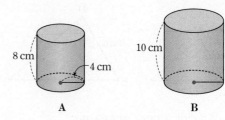

06 두 원기둥 A와 B의 높이의 비

07 두 원기둥 A와 B의 닮음비

08 원기둥 B의 밑면의 반지름의 길이

[09~11] 아래 그림의 두 원뿔 A와 B가 서로 닮은 도형일 때, 다음을 구하시오.

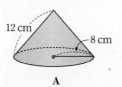

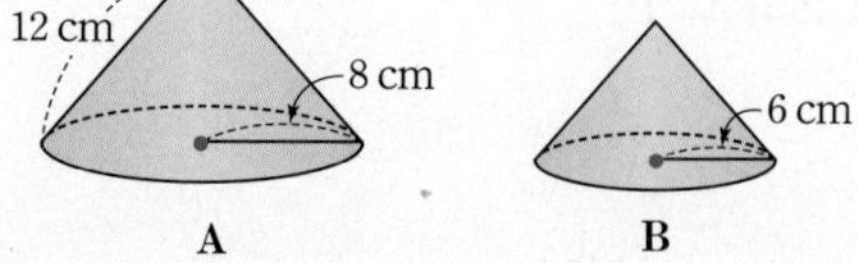

09 두 원뿔 A와 B의 밑면의 반지름의 길이의 비

10 두 원뿔 A와 B의 닮음비

11 원뿔 B의 모선의 길이

04 닮은 두 도형의 둘레의 길이의 비

닮은 두 도형의 둘레의 길이의 비는 닮음비와 같다.

예 닮은 두 원 A, B에서 (반지름의 길이의 비)=3 : 6=1 : 2이다.

(원 A의 둘레의 길이)=$2\pi \times 3 = 6\pi$(cm)

(원 B의 둘레의 길이)=$2\pi \times 6 = 12\pi$(cm)

따라서 (둘레의 길이의 비)=$6\pi : 12\pi = 1 : 2$

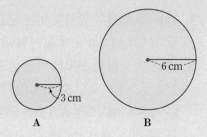

정답과 풀이 18쪽

[01~05] 아래 그림에서 □ABCD∽□A′B′C′D′일 때, 다음을 구하시오.

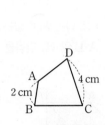 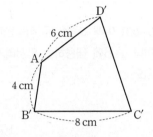

01 □ABCD와 □A′B′C′D′의 닮음비

02 $\overline{AD}$의 길이

03 $\overline{BC}$의 길이

04 $\overline{C'D'}$의 길이

05 □ABCD와 □A′B′C′D′의 둘레의 길이의 비

[06~07] 아래 그림의 두 정사각형 ABCD와 EFGH에 대하여 다음을 구하시오.

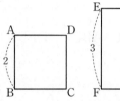 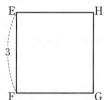

06 □ABCD와 □EFGH의 닮음비

07 □ABCD와 □EFGH의 둘레의 길이의 비

08 다음 그림에서 △ABC∽△DEF이고, △ABC의 둘레의 길이가 16 cm일 때, △DEF의 둘레의 길이를 구하시오.

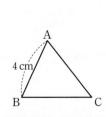 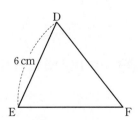

TIP 닮은 두 평면도형의 둘레의 길이의 비는 닮음비와 같음을 이용하여 구한다.

05 닮은 두 도형의 넓이의 비와 부피의 비

1. 닮은 두 도형의 넓이의 비는 닮음비의 제곱과 같다.

   닮음비가 $m : n$일 때 넓이의 비는 $m^2 : n^2$

2. 닮은 두 도형의 부피의 비는 닮음비의 세제곱과 같다.

   닮음비가 $m : n$일 때 부피의 비는 $m^3 : n^3$

   예 닮은 두 입체도형 A와 B의 닮음비가 2 : 5일 때

   대응하는 면의 넓이의 비는 4 : 25, 부피의 비는 8 : 125이다.
   └→ $2^2 : 5^2$ └→ $2^3 : 5^3$

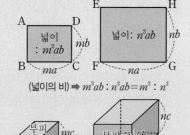

(넓이의 비) ➡ $m^2ab : n^2ab = m^2 : n^2$

(부피의 비) ➡ $m^3abc : n^3abc = m^3 : n^3$

정답과 풀이 18쪽

[01~02] 아래 그림에서 △ABC∽△DEF일 때, 다음을 구하시오.

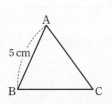 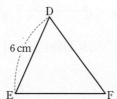

01 △ABC와 △DEF의 닮음비

02 △ABC와 △DEF의 넓이의 비

[03~04] 아래 그림에서 □ABCD∽□EFGH일 때, 다음을 구하시오.

 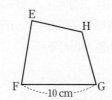

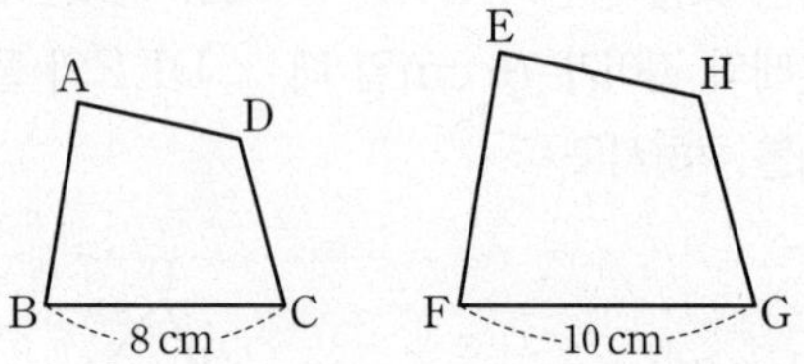

03 □ABCD와 □EFGH의 닮음비

04 □ABCD와 □EFGH의 넓이의 비

[05~09] 아래 그림의 두 직육면체 P와 Q는 서로 닮은 도형이다. $\overline{AB}$에 대응하는 모서리가 $\overline{A'B'}$일 때, 다음을 구하시오.

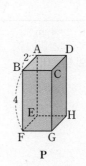 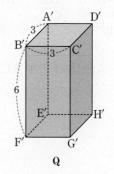

05 □BFGC와 □B'F'G'C'의 닮음비

06 □BFGC와 □B'F'G'C'의 넓이의 비

07 두 직육면체 P와 Q의 닮음비

08 두 직육면체 P와 Q의 겉넓이의 비

09 두 직육면체 P와 Q의 부피의 비

[10~13] 아래 그림의 두 원기둥 A와 B는 서로 닮은 도형이다. 두 원기둥 A, B의 밑면의 반지름의 길이가 각각 3 cm, 4 cm일 때, 다음을 구하시오.

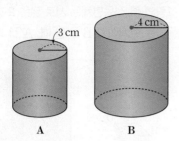

10 두 원기둥 A와 B의 닮음비

11 두 원기둥 A와 B의 밑면인 원의 넓이의 비

12 두 원기둥 A와 B의 겉넓이의 비

13 두 원기둥 A와 B의 부피의 비

[14~16] 아래 그림과 같이 한 모서리의 길이가 각각 3 cm, 5 cm인 두 정사면체 A와 B에 대하여 다음을 구하시오.

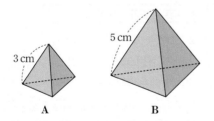

14 두 정사면체 A와 B의 닮음비

15 두 정사면체 A와 B의 겉넓이의 비

16 두 정사면체 A와 B의 부피의 비

[17~18] 다음 □ 안에 알맞은 수를 쓰시오.

17

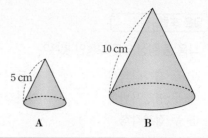

두 원뿔 A와 B가 서로 닮은 도형이고, 모선의 길이가 각각 5 cm, 10 cm일 때, 두 원뿔 A와 B의

닮음비는 1 : □

겉넓이의 비는 1 : □

부피의 비는 1 : □

18

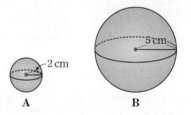

두 구 A와 B의 반지름의 길이가 각각 2 cm, 5 cm일 때, 두 구 A와 B의

닮음비는 □ : □

겉넓이의 비는 □ : □

부피의 비는 □ : □

[19~20] 다음을 구하시오.

19 두 원기둥 A와 B는 닮음비가 2 : 3인 닮은 도형이고, 원기둥 A의 겉넓이가 16 cm²일 때, 원기둥 B의 겉넓이

20 두 정팔면체 A와 B의 닮음비가 5 : 2이고, 정팔면체 A의 부피가 250 cm³일 때, 정팔면체 B의 부피

01 닮은 도형

1 다음 중 항상 닮은 도형인 것은?

① 두 직각삼각형　　② 두 이등변삼각형

③ 두 평행사변형　　④ 두 직사각형

⑤ 두 정사각형

02 평면도형에서의 닮음의 성질

[2~4] 다음 그림에서 □ABCD∽□EFGH일 때, 물음에 답하시오.

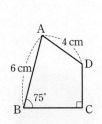
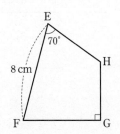

2 □ABCD와 □EFGH의 닮음비는?

① 2 : 3　　② 3 : 2　　③ 3 : 4

④ 4 : 3　　⑤ 3 : 5

3 ∠D의 크기는?

① 110°　　② 115°　　③ 120°

④ 125°　　⑤ 130°

4 $\overline{EH}$의 길이는?

① $\dfrac{14}{3}$ cm　　② 5 cm　　③ $\dfrac{16}{3}$ cm

④ $\dfrac{17}{3}$ cm　　⑤ 6 cm

03 입체도형에서의 닮음의 성질

5 다음 그림의 두 직육면체는 서로 닮은 도형이다. $\overline{BF}$에 대응하는 모서리가 $\overline{B'F'}$일 때, $\overline{A'D'}$의 길이는?

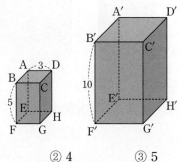

① 3　　② 4　　③ 5

④ 6　　⑤ 7

04 닮은 두 도형의 둘레의 길이의 비

6 다음 그림에서 △ABC∽△DEF이고, $\overline{AC}=3$ cm, $\overline{DF}=4$ cm이다. △ABC의 둘레의 길이가 12 cm일 때, △DEF의 둘레의 길이는?

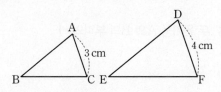

① 16 cm　　② 20 cm　　③ 24 cm

④ 28 cm　　⑤ 32 cm

05 닮은 두 도형의 넓이의 비와 부피의 비

7 오른쪽 그림은 가로, 세로, 높이가 모두 3칸인 큐브 퍼즐이다. 이 퍼즐 조각 한 개는 정육면체 모양이고 그 부피가 4 cm³일 때, 퍼즐 전체의 부피는? (단, 보이지 않는 부분까지 속이 꽉 차있다.)

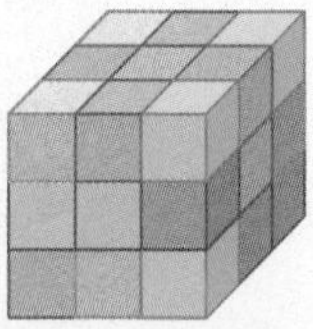

① 12 cm³　　② 27 cm³　　③ 36 cm³

④ 64 cm³　　⑤ 108 cm³

꼭 **알아야 할 개념** ✍️

	1차	2차	시험 직전
닮은 도형의 성질 이해하기			
닮은 도형의 닮음비 구하기			
닮은 도형의 넓이의 비와 부피의 비 구하기			

1 다음 중 항상 닮은 도형이 <u>아닌</u> 것은?

① 두 원
② 두 마름모
③ 두 정삼각형
④ 두 직각이등변삼각형
⑤ 중심각의 크기가 같은 두 부채꼴

2 다음 그림에서 □ABCD∽□EFGH일 때, $x+y$ 의 값은?

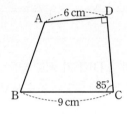

① 115   ② 116   ③ 117
④ 118   ⑤ 119

3 오른쪽 그림은 원뿔을 높이의 이등분점을 지나면서 밑면에 평행한 평면으로 자른 것이다. $\overline{DE}=3$ cm일 때, 자르기 전 원뿔의 밑면의 둘레의 길이는?

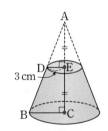

① 6π cm   ② 9π cm
③ 10π cm   ④ 12π cm
⑤ 18π cm

4 오른쪽 그림과 같이 중심이 같고, 반지름의 길이가 일정하게 늘어나는 세 원에 대하여 세 부분 A, B, C의 넓이의 비는?

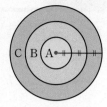

① 1 : 2 : 3
② 1 : 3 : 5
③ 1 : 4 : 9
④ 1 : 8 : 27
⑤ 1 : 7 : 19

5 오른쪽 그림은 원뿔을 모선의 중심을 지나면서 밑면에 평행한 평면으로 자른 것이다. 작은 원뿔 A 의 부피가 8 cm³일 때, 원뿔대 B 의 부피는?

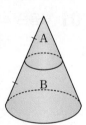

① 40 cm³   ② 48 cm³
③ 56 cm³   ④ 64 cm³
⑤ 72 cm³

난 풀 수 있다. 고난도!!

도전 고난도

6 오른쪽 그림은 원뿔 모양의 그릇에 물을 채워 놓은 것이다. 채워진 물의 부피가 20 cm³ 일 때, 그릇을 가득 채우기 위해 더 필요한 물의 부피를 구하시오.

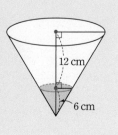

06 삼각형의 닮음조건

두 삼각형은 다음 조건 중 하나를 만족하면 서로 닮은 도형이다.

1. 세 쌍의 대응하는 변의 길이의 비가 같다. (SSS 닮음)

➡ $a:a'=b:b'=c:c'$이면 $\triangle ABC \backsim \triangle A'B'C'$

 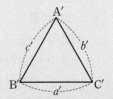

2. 두 쌍의 대응하는 변의 길이의 비가 같고,
그 끼인각의 크기가 같다. (SAS 닮음)

➡ $a:a'=c:c'$, $\angle B = \angle B'$이면 $\triangle ABC \backsim \triangle A'B'C'$

주의 두 쌍의 대응하는 변의 길이의 비가 같으나 그 끼인각이 아닌 다른 각의 크기가 같은 경우는 닮음이 아닐 수도 있음에 유의한다.

 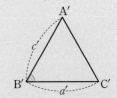

3. 두 쌍의 대응하는 각의 크기가 각각 같다. (AA 닮음)

➡ $\angle B = \angle B'$, $\angle C = \angle C'$이면 $\triangle ABC \backsim \triangle A'B'C'$

참고 삼각형에서 두 내각의 크기가 주어지면 나머지 한 내각의 크기는 정해지므로 두 내각의 크기가 같다는 것만 확인하면 된다.

 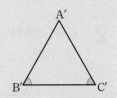

정답과 풀이 20쪽

01 다음은 △ABC와 △DEF가 서로 닮은 도형임을 보이는 과정이다. ☐ 안에 알맞은 것을 쓰시오.

 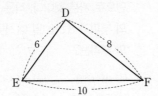

△ABC와 △DEF에서

$\overline{AB}:\overline{DE}=3:$☐$=1:$☐

$\overline{BC}:\overline{EF}=5:$☐$=1:$☐

$\overline{AC}:\overline{DF}=4:$☐$=1:$☐

이므로

$\triangle ABC \backsim \triangle DEF$ (☐ 닮음)

TIP 세 쌍의 대응하는 변의 길이의 비를 각각 구하여 비교한다.

02 다음은 △ABC와 △DEF가 서로 닮은 도형임을 보이는 과정이다. ☐ 안에 알맞은 것을 쓰시오.

△ABC와 △DEF에서

$\overline{AB}:\overline{DE}=$☐$: 8=1:$☐

$\overline{AC}:\overline{DF}=$☐$: 6=1:$☐

$\angle A=$☐$=60°$

이므로

$\triangle ABC \backsim \triangle DEF$ (☐ 닮음)

TIP 두 쌍의 대응하는 변의 길이의 비를 각각 구하여 비교하고, 그 끼인각의 크기가 같은지 확인한다.

03 다음은 △ABC와 △DEF가 서로 닮은 도형임을 보이는 과정이다. □ 안에 알맞은 것을 쓰시오.

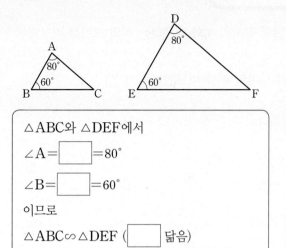

△ABC와 △DEF에서

∠A=□=80°

∠B=□=60°

이므로

△ABC∽△DEF (□ 닮음)

[04~09] 다음 그림에서 두 삼각형이 서로 닮은 도형인 것은 ○표, 닮은 도형이 아닌 것은 ×표를 하시오.

04

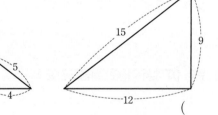

( )

05

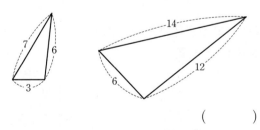

( )

06

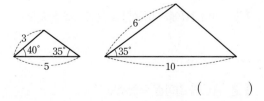

( )

07

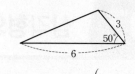

( )

08

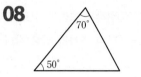

( )

09

( )

10 다음 〈보기〉의 삼각형 중에서 서로 닮은 도형을 모두 짝짓고, 그때의 닮음조건을 쓰시오.

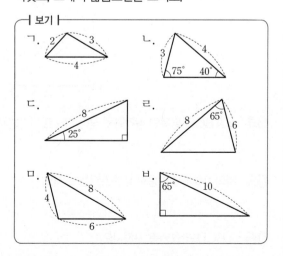

07 삼각형의 닮음조건의 활용

학습날짜 :   월   일 / 학습결과 : 😊 😐 😣

두 삼각형이 서로 닮음임을 확인하기 위해서는 대응하는 변의 길이의 비와 대응하는 각의 크기를 비교해야 한다.

1. 대응하는 세 쌍의 변의 길이의 비를 비교한다.

2. 크기가 같은 한 내각을 끼인각으로 하는 두 쌍의 변의 길이의 비를 비교한다.

3. 두 쌍의 내각의 크기를 비교한다.

> **참고** 각에 대한 정보를 얻기 위해 다음과 같은 성질을 이용한다.
>
> ① 맞꼭지각의 크기는 서로 같다.
>
> ② 두 직선이 평행하면 동위각의 크기가 서로 같다.
>
> ③ 두 직선이 평행하면 엇각의 크기가 서로 같다.

정답과 풀이 21쪽

[01~03] 오른쪽 그림에 대하여 물음에 답하시오.

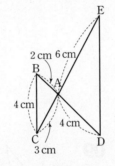

01 △ABC와 닮음인 삼각형을 찾아 기호로 나타내시오.

> **TIP** 맞꼭지각의 크기는 서로 같다.

02 위의 **01**에서 이용한 닮음조건을 쓰시오.

03 $\overline{DE}$의 길이를 구하시오.

[04~06] 오른쪽 그림에 대하여 물음에 답하시오.

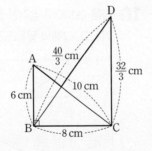

04 △ABC와 닮음인 삼각형을 찾아 기호로 나타내시오.

05 위의 **04**에서 이용한 닮음조건을 쓰시오.

06 ∠BCD의 크기를 구하시오.

[07~09] 오른쪽 그림에 대하여 물음에 답하시오.

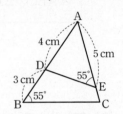

07 △ABC와 닮음인 삼각형을 찾아 기호로 나타내시오.

> **TIP** 크기가 같은 두 내각을 찾는다.

08 위의 **07**에서 이용한 닮음조건을 쓰시오.

09 $\overline{EC}$의 길이를 구하시오.

[10~12] 오른쪽 그림에 대하여 물음에 답하시오.

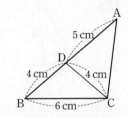

10 △ABC와 닮음인 삼각형을 찾아 기호로 나타내시오.

11 위의 **10**에서 이용한 닮음조건을 쓰시오.

12 $\overline{AC}$의 길이를 구하시오.

08 직각삼각형의 닮음

∠A=90°인 직각삼각형 ABC의 점 A에서 $\overline{BC}$에 내린 수선의 발을 H라고 할 때,

1. △ABC∽△HBA∽△HAC (AA 닮음)

2. △ABC∽△HBA에서 $\overline{AB} : \overline{HB} = \overline{BC} : \overline{BA}$

  ➡ $\overline{AB}^2 = \overline{HB} \times \overline{BC}$

3. △ABC∽△HAC에서 $\overline{AC} : \overline{HC} = \overline{BC} : \overline{AC}$

  ➡ $\overline{AC}^2 = \overline{HC} \times \overline{BC}$

4. △HBA∽△HAC에서 $\overline{HA} : \overline{HC} = \overline{HB} : \overline{HA}$

  $\overline{HA}^2 = \overline{HB} \times \overline{HC}$

참고 △ABC = $\frac{1}{2} \times \overline{AB} \times \overline{AC} = \frac{1}{2} \times \overline{BC} \times \overline{AH}$이므로

  $\overline{AB} \times \overline{AC} = \overline{BC} \times \overline{AH}$

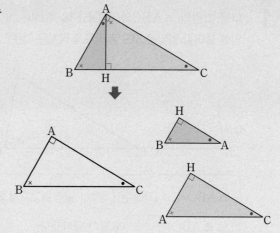

정답과 풀이 22쪽

[01~06] 오른쪽 그림과 같이 ∠A=90°인 직각삼각형 ABC의 점 A에서 $\overline{BC}$에 내린 수선의 발을 H라고 하자. 다음 중 옳은 것은 ○표, 옳지 <u>않은</u> 것은 ×표를 하시오.

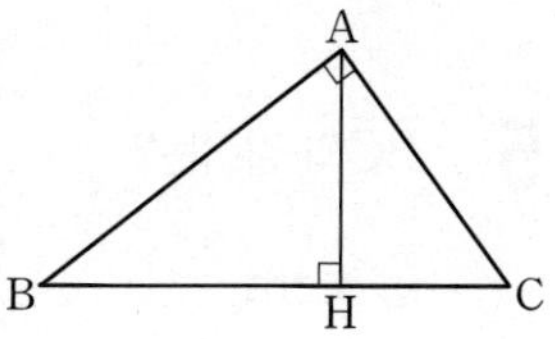

01 ∠B=∠BAH   (   )

02 ∠BAH=∠ACH   (   )

03 △ABC∽△HAC   (   )

04 $\overline{HA} : \overline{HC} = \overline{HB} : \overline{HA}$ (   )

05 $\overline{AB}^2 = \overline{HB} \times \overline{HC}$ (   )

06 $\overline{AC}^2 = \overline{HC} \times \overline{BC}$ (   )

[07~09] 다음 그림에서 x의 값을 구하시오.

07

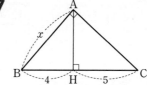

08

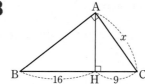

09

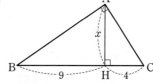

핵심 반복

학습날짜 : 월 일 / 학습결과 :

정답과 풀이 22쪽

06 삼각형의 닮음조건

1 다음 그림의 △ABC와 △DEF에 대하여 (ㄱ), (ㄴ) 안에 들어갈 알맞은 것으로 바르게 짝지은 것은?

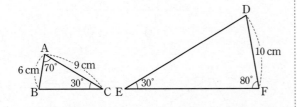

△ABC와 △DEF는 (ㄱ) 닮음이고, 기호로 △ABC∽ (ㄴ) 와 같이 나타낸다.

(ㄱ)	(ㄴ)	(ㄱ)	(ㄴ)
① AA	△DEF	② SAS	△DEF
③ AA	△DFE	④ SAS	△DFE
⑤ AA	△EDF		

[2~3] 다음 그림에 대하여 물음에 답하시오.

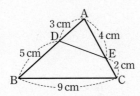

2 다음 (ㄱ), (ㄴ) 안에 들어갈 것으로 알맞은 것을 각각 쓰시오.

△ABC와 △ADE는 (ㄱ) 닮음이고, 기호로 △ABC∽ (ㄴ) 와 같이 나타낸다.

3 $\overline{ED}$의 길이는?

① 4 cm ② $\frac{9}{2}$ cm ③ 5 cm
④ $\frac{11}{2}$ cm ⑤ 6 cm

07 삼각형의 닮음조건의 활용

[4~5] 다음 그림에 대하여 물음에 답하시오.

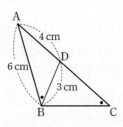

4 $\overline{DC}$의 길이는?

① 3 cm ② 4 cm ③ 5 cm
④ 6 cm ⑤ 7 cm

5 $\overline{BC}$의 길이는?

① 4 cm ② $\frac{9}{2}$ cm ③ 5 cm
④ $\frac{11}{2}$ cm ⑤ 6 cm

08 직각삼각형의 닮음

6 오른쪽 그림과 같이 $\angle A=90^\circ$인 직각삼각형 ABC의 꼭짓점 A에서 $\overline{BC}$에 내린 수선의 발을 H라고 하자. $\overline{AB}=8$, $\overline{BH}=4$일 때, x의 값은?

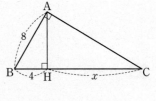

① 8 ② 9 ③ 10
④ 11 ⑤ 12

꼭 알아야 할 개념	1차	2차	시험 직전
삼각형의 닮음조건 이해하기			
직각삼각형의 닮음을 이용한 변의 길이 구하기			

실력을 점검해 보자.

형성 평가

학습날짜 :　　월　　일 / 학습결과 :

정답과 풀이 22쪽

1 오른쪽 그림에서 $\overline{AC}=6$, $\overline{AD}=4$, $\overline{DB}=\overline{DC}=5$일 때, $\overline{BC}$의 길이는?

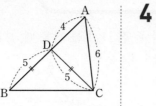

① 6　② $\frac{13}{2}$　③ 7　④ $\frac{15}{2}$　⑤ 8

2 오른쪽 그림에서 $\overline{AB}=6$, $\overline{AE}=3$, $\overline{EC}=5$이고, $\angle B=\angle AED$일 때, $\overline{DB}$의 길이는?

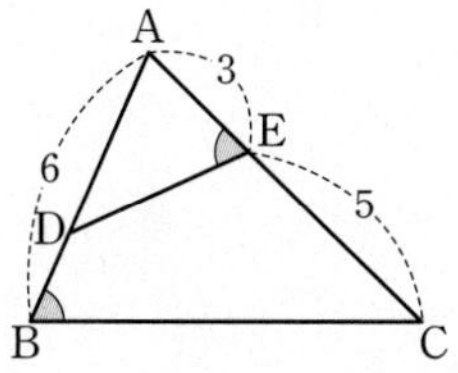

① 2　② $\frac{5}{2}$　③ 3　④ $\frac{7}{2}$　⑤ 4

3 다음 그림과 같이 $\overline{AB}/\!/\overline{DE}$, $\overline{AD}/\!/\overline{BC}$이고, $\overline{AB}=\overline{CE}=2$, $\overline{AD}=6$, $\overline{DE}=3$일 때, $\triangle ABC$의 둘레의 길이는?

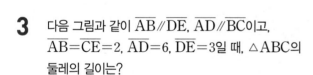

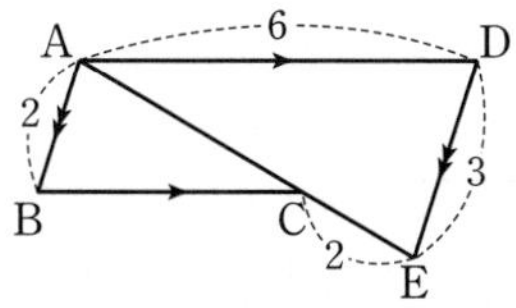

① 9　② 10　③ 11　④ 12　⑤ 13

4 오른쪽 그림과 같이 $\angle A=90°$인 직각삼각형 ABC의 점 A에서 $\overline{BC}$에 내린 수선의 발을 D라고 하자. $\overline{AB}=6$, $\overline{BD}=4$일 때, $\overline{DC}$의 길이는?

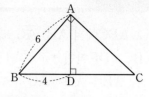

① 4　② 5　③ 6　④ 7　⑤ 8

5 다음 그림과 같이 $\angle A=90°$인 직각삼각형 ABC의 꼭짓점 A에서 $\overline{BC}$에 내린 수선의 발을 H라고 하자. $\overline{BH}=2$, $\overline{CH}=8$일 때, $\triangle ABC$의 넓이는?

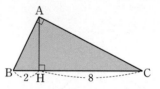

① 10　② 15　③ 20　④ 25　⑤ 30

난 풀 수 있다. 고난도!!

도전 고난도

6 다음 그림에서 $\angle BAE=\angle CBF=\angle ACD$이고 $\overline{AB}=6$ cm, $\overline{BC}=8$ cm, $\overline{AC}=7$ cm, $\overline{DE}=3$ cm일 때, $\triangle DEF$의 둘레의 길이를 구하시오.

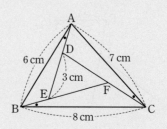

△ABC에서 $\overline{AB}$, $\overline{AC}$ 또는 그 연장선 위에 각각 두 점 D, E를 잡을 때,

$\overline{BC}$ // $\overline{DE}$이면→ 두 직선이 평행하면 동위각(엇각)의 크기가 서로 같다.

1. $\overline{AB} : \overline{AD} = \overline{AC} : \overline{AE} = \overline{BC} : \overline{DE}$

2. $\overline{AD} : \overline{DB} = \overline{AE} : \overline{EC}$

참고 △ABC∽△ADE (AA 닮음)

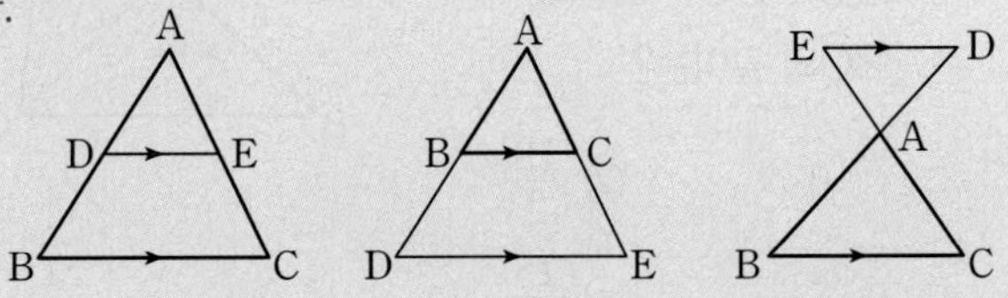

정답과 풀이 23쪽

[01~08] 다음 그림에서 $\overline{BC}$ // $\overline{DE}$일 때, x의 값을 구하시오.

01
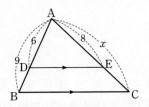

02
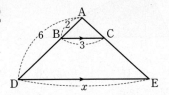

03
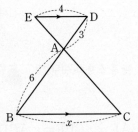

04
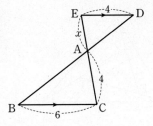

05
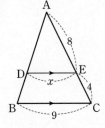

06
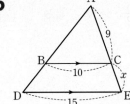

07
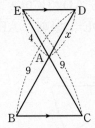

08
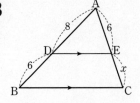

[09~12] 오른쪽 그림에서
$\overline{AB} /\!/ \overline{EF} /\!/ \overline{DC}$일 때, 다음을
구하시오.

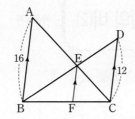

09 $\overline{BE} : \overline{ED}$

TIP △ABE∽△CDE (AA 닮음)임을 이용한다.

10 $\overline{BF} : \overline{FC}$

11 $\overline{BF} : \overline{BC}$

12 $\overline{EF}$의 길이

[13~15] 아래 그림에서 $\overline{AB} /\!/ \overline{EF} /\!/ \overline{DC}$일 때, 다음을
구하시오.

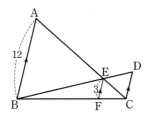

13 $\overline{BC} : \overline{FC}$

14 $\overline{BF} : \overline{BC}$

15 $\overline{DC}$의 길이

[16~20] 다음 그림에서 $\overline{AB} /\!/ \overline{EF} /\!/ \overline{DC}$일 때, x의 값을
구하시오.

16

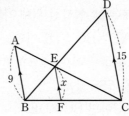

17

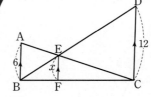

18

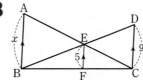

19

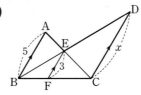

20

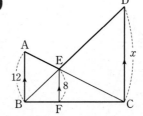

10 삼각형에서 평행선과 선분의 길이의 비(2)

학습날짜 : 월 일 / 학습결과 : 😊 😐 😣

△ABC에서 $\overline{AB}$, $\overline{AC}$ 또는 그 연장선 위에 각각 두 점 D, E를 잡을 때,

1. $\overline{AB} : \overline{AD} = \overline{AC} : \overline{AE} = \overline{BC} : \overline{DE}$이면

$\overline{BC} /\!/ \overline{DE}$ ⟶ 동위각(엇각)의 크기가 같으면 두 직선은 평행하다.

참고 △ABC∽△ADE (SSS 닮음)

2. $\overline{AD} : \overline{DB} = \overline{AE} : \overline{EC}$이면 $\overline{BC} /\!/ \overline{DE}$

참고 △ABC∽△ADE (SAS 닮음)

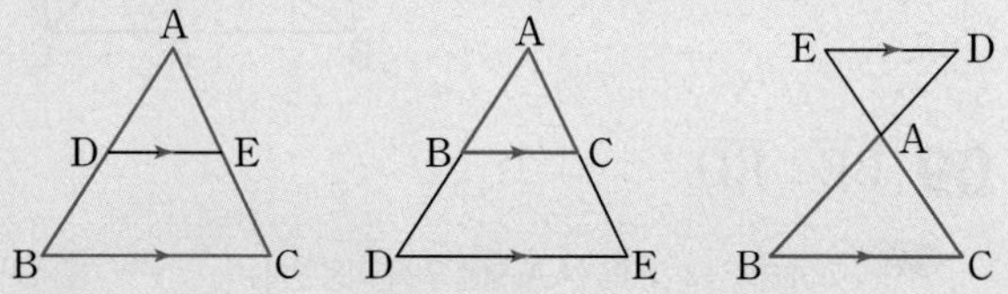

정답과 풀이 24쪽

[01~08] 다음 그림에서 $\overline{BC} /\!/ \overline{DE}$인 것에는 ○표, $\overline{BC}$와 $\overline{DE}$가 평행하지 <u>않는</u> 것에는 ×표를 하시오.

01

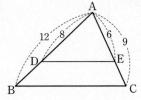

(   )

02

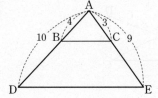

(   )

03

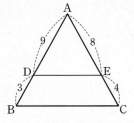

(   )

04

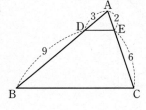

(   )

05

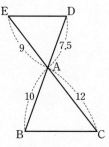

(   )

06

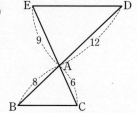

(   )

07

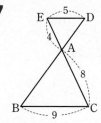

(   )

08

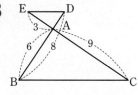

(   )

11 평행선 사이의 선분의 길이의 비

세 개의 평행선이 다른 두 직선과 만나서 생긴 선분의 길이의 비는 같다. ⟶ 네 개 이상의 평행선에 대해서도 마찬가지로 성립한다.

➡ $l /\!/ m /\!/ n$이면 $a : b = a' : b'$ 또는 $a : a' = b : b'$ ⟶ $\dfrac{a}{a'} = \dfrac{b}{b'}$

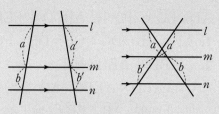

참고 오른쪽 그림에서 $l /\!/ m /\!/ n$일 때, 점 A를 지나면서 직선 q에 평행한 직선 r를 그으면

　　△ABD ∽ △ACE (AA 닮음)

　　$\overline{\mathrm{BD}} /\!/ \overline{\mathrm{CE}}$이므로 $\overline{\mathrm{AB}} : \overline{\mathrm{BC}} = \overline{\mathrm{AD}} : \overline{\mathrm{DE}}$　　⋯⋯ ㉠

　　□ADB′A′와 □DEC′B′에서 $\overline{\mathrm{AD}} = \overline{\mathrm{A'B'}}$, $\overline{\mathrm{DE}} = \overline{\mathrm{B'C'}}$　　⋯⋯ ㉡

　　㉠, ㉡에서 $\overline{\mathrm{AB}} : \overline{\mathrm{BC}} = \overline{\mathrm{A'B'}} : \overline{\mathrm{B'C'}}$

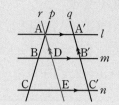

정답과 풀이 25쪽

[01~06] 다음 그림에서 $l /\!/ m /\!/ n$일 때, x의 값을 구하시오.

01

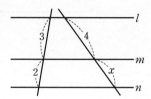

02

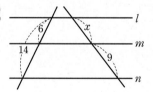

03

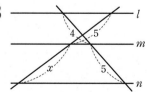

04

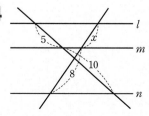

05

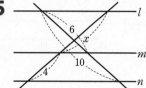

06

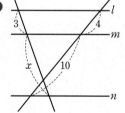

[07~08] 다음 그림에서 $l /\!/ m /\!/ n$일 때, $x+y$의 값을 구하시오.

07

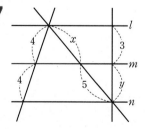

08

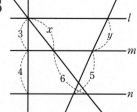

12 사다리꼴에서의 선분의 길이의 비

$\overline{AD}\,/\!/\,\overline{BC}$인 사다리꼴 ABCD에서 $\overline{EF}\,/\!/\,\overline{BC}$일 때, $\overline{BD}$가 $\overline{EF}$와 만나는 점을 G라고 하면

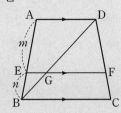

1. $\overline{AE}:\overline{EB}=\overline{DG}:\overline{GB}=\overline{DF}:\overline{FC}=m:n$ ⟶ $\overline{AD}\,/\!/\,\overline{EF}\,/\!/\,\overline{BC}$이므로 성립

2. △ABD와 △EBG에서

  (1) △ABD∽△EBG (AA 닮음)

  (2) 닮음비는 $\overline{AB}:\overline{EB}=(m+n):n$ ⟶ $\overline{AD}:\overline{EG}=(m+n):n$

3. △DBC와 △DGF에서

  (1) △DBC∽△DGF (AA 닮음)

  (2) 닮음비는 $\overline{DC}:\overline{DF}=(m+n):m$ ⟶ $\overline{BC}:\overline{GF}=(m+n):m$

  참고 $\overline{EF}=\overline{EG}+\overline{GF}$이므로 $\overline{EF}$의 길이를 구하기 위해 $\overline{EG}$, $\overline{GF}$의 길이를 각각 구하여 더한다.

정답과 풀이 25쪽

[01~06] 오른쪽 그림과 같은 사다리꼴 ABCD에서 $\overline{AD}\,/\!/\,\overline{EF}\,/\!/\,\overline{BC}$, $\overline{AH}\,/\!/\,\overline{DC}$ 일 때, 다음을 구하시오.

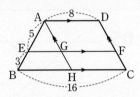

01 $\overline{HC}$의 길이

> **TIP** □AHCD는 평행사변형이다.

02 $\overline{GF}$의 길이

03 $\overline{BH}$의 길이

04 $\overline{EG}:\overline{BH}$

05 $\overline{EG}$의 길이

06 $\overline{EF}$의 길이

[07~12] 오른쪽 그림에서 $\overline{AD}\,/\!/\,\overline{EF}\,/\!/\,\overline{BC}$이고, $\overline{BD}$와 $\overline{EF}$가 만나는 점을 G라고 할 때, 다음을 구하시오.

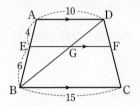

07 $\overline{BG}:\overline{GD}$

08 $\overline{BG}:\overline{BD}$

09 $\overline{EG}$의 길이

10 $\overline{DG}:\overline{DB}$

11 $\overline{GF}$의 길이

12 $\overline{EF}$의 길이

[13~18] 오른쪽 그림에서 $\overline{AD} \parallel \overline{EF} \parallel \overline{BC}$이고, $\overline{AC}$와 $\overline{EF}$가 만나는 점을 G라고 할 때, 다음을 구하시오.

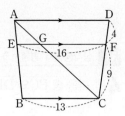

13 $\overline{AG} : \overline{GC}$

14 $\overline{AG} : \overline{AC}$

15 $\overline{EG}$의 길이

16 $\overline{GF}$의 길이

17 $\overline{CG} : \overline{CA}$

18 $\overline{AD}$의 길이

[19~22] 다음 그림에서 $\overline{AD} \parallel \overline{EF} \parallel \overline{BC}$일 때, x의 값을 구하시오.

19

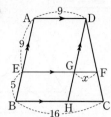

20

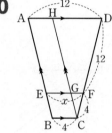

21

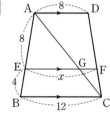

22

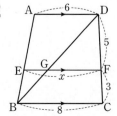

09 삼각형에서 평행선과 선분의 길이의 비(1)

1 오른쪽 그림과 같은 △ABC에서 $\overline{DE} \parallel \overline{BC}$이고, $\overline{AD}=6$, $\overline{DB}=2$, $\overline{BC}=8$일 때, $\overline{DE}$의 길이는?

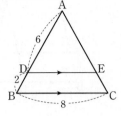

① 5　　　② 6
③ 7　　　④ 8
⑤ 9

2 오른쪽 그림과 같은 △ABC에서 두 점 D, E는 각각 두 변 AB, AC의 연장선 위의 점이고 $\overline{BC} \parallel \overline{DE}$이다. $\overline{AB}=6$, $\overline{AC}=8$, $\overline{AD}=3$, $\overline{BC}=10$일 때, $x+y$의 값은?

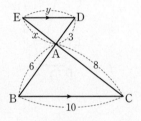

① 6　　　② 7　　　③ 8
④ 9　　　⑤ 10

3 오른쪽 그림에서 $\overline{AB} \parallel \overline{EF} \parallel \overline{DC}$이고, $\overline{AB}=8$, $\overline{DC}=6$일 때, $\overline{EF}$의 길이는?

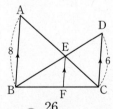

① $\dfrac{22}{7}$　　② $\dfrac{24}{7}$　　③ $\dfrac{26}{7}$
④ 4　　　⑤ $\dfrac{30}{7}$

10 삼각형에서 평행선과 선분의 길이의 비(2)

4 다음 중 $\overline{BC}$와 $\overline{DE}$가 평행하지 <u>않는</u> 것은?

① 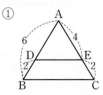　　②

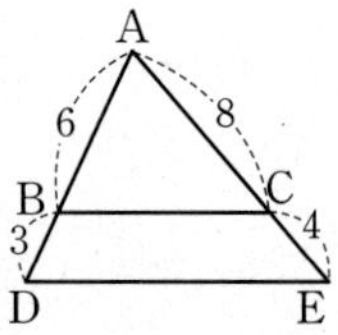

③ 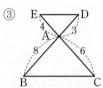　　④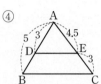

⑤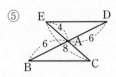

11 평행선 사이의 선분의 길이의 비

5 오른쪽 그림에서 $l \parallel m \parallel n$일 때, x의 값은?

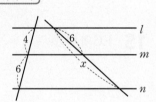

① 11
② 12
③ 13
④ 14
⑤ 15

12 사다리꼴에서의 선분의 길이의 비

6 오른쪽 그림과 같은 사다리꼴 ABCD에서 $\overline{AD} \parallel \overline{EF} \parallel \overline{BC}$이고 점 G는 $\overline{DB}$와 $\overline{EF}$의 교점이다. $\overline{AD}=9$, $\overline{BC}=15$, $\overline{AE}=2$, $\overline{EB}=4$일 때, $\overline{EF}$의 길이는?

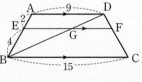

① 10　　　② 11　　　③ 12
④ 13　　　⑤ 14

꼭 알아야 할 개념 📝

	1차	2차	시험 직전
삼각형에서 평행선을 이용한 선분의 길이 구하기			
평행선 사이의 선분의 길이 구하기			

1 오른쪽 그림과 같은 △ABC에서 $\overline{DE}\,/\!/\,\overline{BC}$이고, $\overline{AD}=8$, $\overline{DB}=2$, $\overline{BC}=10$, $\overline{EC}=3$일 때, △ADE의 둘레의 길이는?

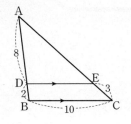

① 26   ② 27
③ 28   ④ 29
⑤ 30

2 오른쪽 그림과 같은 △ABC에 대하여 다음 중 옳은 것을 모두 고르면? (정답 2개)

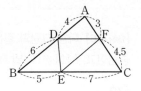

① $\overline{DF}\,/\!/\,\overline{BC}$ ② $\overline{DE}\,/\!/\,\overline{AC}$ ③ $\overline{EF}\,/\!/\,\overline{BA}$
④ $\overline{EF}=6$ ⑤ $\overline{DF}=4.8$

3 오른쪽 그림에서 $k\,/\!/\,l\,/\!/\,m\,/\!/\,n$일 때, $x+y$의 값은?

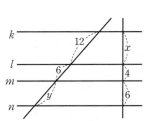

① 16
② 17
③ 18
④ 19
⑤ 20

4 오른쪽 그림에서 $\overline{AB}$, $\overline{EF}$, $\overline{DC}$가 모두 $\overline{BC}$에 수직이고 $\overline{AB}=20$, $\overline{BC}=40$, $\overline{DC}=30$일 때, △EBC의 넓이는?

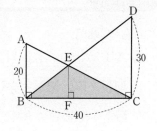

① 160   ② 200   ③ 240
④ 280   ⑤ 320

5 오른쪽 그림과 같은 사다리꼴에서 $\overline{AD}\,/\!/\,\overline{EF}\,/\!/\,\overline{BC}$, $\overline{AH}\,/\!/\,\overline{DC}$이고, $\overline{AH}$와 $\overline{EF}$가 만나는 점을 G라고 하자. $\overline{AD}=\overline{FC}=6$, $\overline{DF}=\overline{EG}=2$일 때, $\overline{BC}$의 길이는?

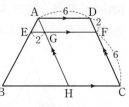

① 11   ② 12   ③ 13
④ 14   ⑤ 15

난 풀 수 있다. 고난도!!

도전 고난도

6 오른쪽 그림과 같은 사다리꼴에서 $\overline{AD}\,/\!/\,\overline{EF}\,/\!/\,\overline{BC}$이고, $\overline{AD}=12$, $\overline{AE}=10$, $\overline{EB}=6$, $\overline{EF}=15$일 때, $\overline{BC}$의 길이를 구하시오.

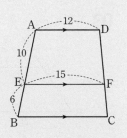

13 삼각형의 두 변의 중점을 연결한 선분의 성질

△ABC에서

1. $\overline{AB}$, $\overline{AC}$의 중점을 각각 M, N이라고 할 때,

$\overline{MN} /\!/ \overline{BC}$, $\overline{MN} = \dfrac{1}{2}\overline{BC}$ ⟶ $\overline{AM} = \overline{BM}$, $\overline{AN} = \overline{CN}$

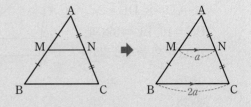

> 참고 △ABC와 △AMN에서
> $\overline{AB} : \overline{AM} = \overline{AC} : \overline{AN} = 2 : 1$, ∠A는 공통이므로
> △ABC∽△AMN(SAS 닮음)이고, 닮음비는 2 : 1이다.

2. $\overline{AB}$의 중점을 M이라고 하고, 점 M을 지나고 $\overline{BC}$에 평행한 직선이 $\overline{AC}$와 만나는 점을 N이라고 할 때,

$\overline{AN} = \overline{CN}$ ⟶ 점 N은 $\overline{AC}$의 중점이 된다.

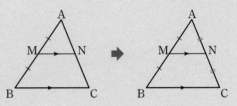

> 참고 △ABC와 △AMN에서
> $\overline{BC} /\!/ \overline{MN}$이므로 ∠ABC=∠AMN (동위각), ∠A는 공통이므로
> △ABC∽△AMN(AA 닮음)이고, 닮음비는 2 : 1이다.

정답과 풀이 28쪽

[01~03] 다음 그림과 같은 △ABC에서 $\overline{AB}$와 $\overline{AC}$의 중점을 각각 M, N이라고 할 때, x의 값을 구하시오.

01

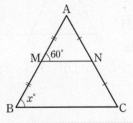

> TIP 닮음인 두 삼각형은 대응각의 크기가 같다.

02

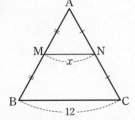

03

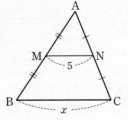

[04~06] 다음 그림과 같은 △ABC에서 점 M은 $\overline{AB}$의 중점이고, $\overline{MN} /\!/ \overline{BC}$일 때, x의 값을 구하시오.

04

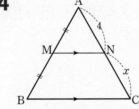

> TIP 점 N은 $\overline{AC}$의 중점이다.

05

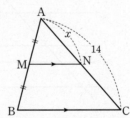

06

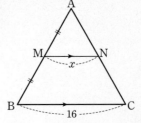

14 삼각형의 두 변의 중점을 연결한 선분의 성질의 활용

△ABC에서 $\overline{AB}$, $\overline{BC}$, $\overline{CA}$의 중점을 각각 D, E, F라고 할 때,

1. △ADF, △DBE, △FEC, △EFD는 모두 합동이고,
   △ABC와 닮은 도형이다. ─→ 닮음비는 1 : 2이다.

2. $\overline{DE}=\dfrac{1}{2}\overline{AC}$, $\overline{EF}=\dfrac{1}{2}\overline{AB}$, $\overline{DF}=\dfrac{1}{2}\overline{BC}$

3. (△DEF의 둘레의 길이)$=\dfrac{1}{2}\times$(△ABC의 둘레의 길이)

4. $\overline{DF}/\!/\overline{BC}$, $\overline{DE}/\!/\overline{AC}$, $\overline{EF}/\!/\overline{AB}$

참고 △ABC∽△ADF(SAS 닮음)

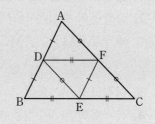

정답과 풀이 28쪽

[01~04] 오른쪽 그림과 같은 △ABC에서 $\overline{AB}$, $\overline{BC}$, $\overline{CA}$의 중점을 각각 D, E, F라고 할 때, 다음을 구하시오.

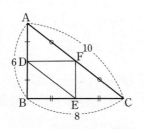

01 $\overline{DE}$의 길이

> **TIP** 삼각형의 두 변의 중점을 연결한 선분은 나머지 한 변의 길이의 $\dfrac{1}{2}$이다.

02 $\overline{EF}$의 길이

03 $\overline{DF}$의 길이

04 △DEF의 둘레의 길이

[05~07] 다음 그림에서 △DEF의 둘레의 길이를 구하시오.

05

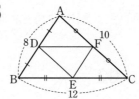

06

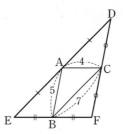

07

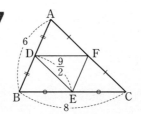

15 삼각형의 중선과 무게중심

1. 삼각형의 중선: 삼각형의 한 꼭짓점과 그 대변의 중점을 연결한 선분

2. 삼각형의 중선은 삼각형의 넓이를 이등분한다.

➡ $\triangle ABM = \triangle AMC$

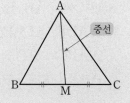

3. 삼각형의 무게중심: 삼각형의 세 중선의 교점 ──▶ 삼각형의 세 중선은 한 점에서 만난다.

4. 삼각형의 무게중심은 세 중선의 길이를 각 꼭짓점으로부터 각각 $2 : 1$ 로 나눈다.

➡ 점 G가 $\triangle ABC$의 무게중심일 때,

$\overline{AG} : \overline{GD} = \overline{BG} : \overline{GE} = \overline{CG} : \overline{GF} = 2 : 1$

참고 삼각형의 세 중선에 의해 삼각형의 넓이는 6등분된다.

➡ $\triangle GAF = \triangle GBF = \triangle GBD = \triangle GCD = \triangle GCE = \triangle GAE = \dfrac{1}{6}\triangle ABC$

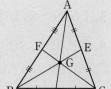

정답과 풀이 29쪽

[01~02] 다음 그림에서 $\overline{AD}$는 $\triangle ABC$의 중선일 때, x의 값을 구하시오.

01

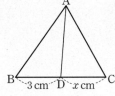

02

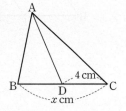

[03~04] 다음 그림과 같은 $\triangle ABC$의 넓이가 24 cm²일 때, 색칠한 부분의 넓이를 구하시오.

03

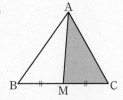

TIP 밑변의 길이와 높이가 각각 같은 두 삼각형의 넓이는 같다.

04

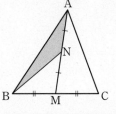

TIP 높이가 같은 두 삼각형의 넓이의 비는 밑변의 길이의 비와 같다.

[05~07] 다음 그림과 같은 $\triangle ABC$에서 점 G가 $\triangle ABC$의 무게중심일 때, x의 값을 구하시오.

05

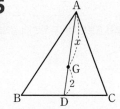

TIP 무게중심은 중선을 꼭짓점으로부터 2 : 1로 나눈다.

06

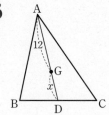

07

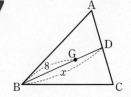

[08~11] 다음 그림에서 점 G가 △ABC의 무게중심일 때, $x+y$의 값을 구하시오.

08

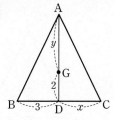

TIP 점 G가 무게중심이므로 $\overline{AD}$는 중선이다.

09

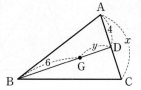

10

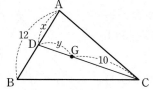

11

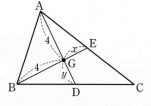

[12~13] 아래 그림에서 점 G는 △ABC의 무게중심이고, 점 G′은 △GBC의 무게중심일 때, 다음을 구하시오.

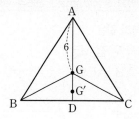

12 $\overline{GD}$의 길이

13 $\overline{GG'}$의 길이

TIP 점 G′이 △GBC의 무게중심이므로 $\overline{GG'} : \overline{G'D} = 2 : 1$임을 이용한다.

[14~15] 다음 그림에서 점 G가 △ABC의 무게중심이고, △ABC의 넓이가 18 cm²일 때, 색칠한 부분의 넓이를 구하시오.

14

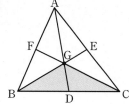

15

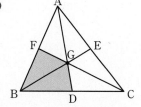

13 삼각형의 두 변의 중점을 연결한 선분의 성질

1 오른쪽 그림과 같은 △ABC에서 두 점 M, N은 각각 $\overline{AB}$, $\overline{AC}$의 중점이다.
∠AMN=45°, $\overline{BC}$=10일 때, $x+y$의 값은?

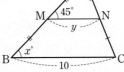

① 40 ② 50 ③ 60
④ 70 ⑤ 80

14 삼각형의 두 변의 중점을 연결한 선분의 성질의 활용

[2~3] 오른쪽 그림에서 세 점 D, E, F는 각각 변 AB, BC, CA의 중점이다. 다음 물음에 답하시오.

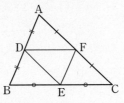

2 ∠AFD=50°일 때, ∠FDE의 크기는?

① 40° ② 50° ③ 60°
④ 70° ⑤ 80°

3 △ABC의 둘레의 길이가 20일 때, △DEF의 둘레의 길이는?

① 6 ② 8 ③ 10
④ 12 ⑤ 14

15 삼각형의 중선과 무게중심

4 오른쪽 그림에서 점 G는 △ABC의 무게중심이다. $\overline{AG}$=4, $\overline{BC}$=6일 때, $x+y$의 값은?

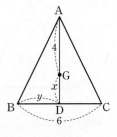

① 5 ② 6
③ 7 ④ 8
⑤ 9

5 오른쪽 그림에서 점 G는 △ABC의 무게중심이고, 점 G′은 △GBC의 무게중심이다. $\overline{AG}$=12일 때, $\overline{GG'}$의 길이는?

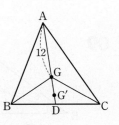

① 3 ② 4 ③ 5
④ 6 ⑤ 8

6 오른쪽 그림에서 점 G는 △ABC의 무게중심이다. △ABC의 넓이가 24 cm²일 때, 색칠한 부분의 넓이는?

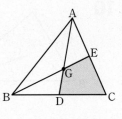

① 8 cm² ② 10 cm² ③ 12 cm²
④ 14 cm² ⑤ 16 cm²

꼭 알아야 할 개념 ✍️

	1차	2차	시험 직전
삼각형의 두 변의 중점을 연결한 선분의 성질 알기			
삼각형의 중선과 무게중심 알기			
삼각형의 무게중심을 이용해 길이 또는 넓이 구하기			

1 오른쪽 그림에서 세 점 D, E, F는 각각 변 AB, BC, CA의 중점이다. 다음 중 옳지 <u>않은</u> 것은?

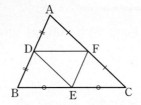

① $\overline{DF} /\!/ \overline{BC}$
② $\overline{DE} = \overline{AF}$
③ $\overline{AB} = 3\overline{FE}$
④ $\angle B = \angle ADF$
⑤ $\angle ADF = \angle EFD$

2 오른쪽 그림의 □ABCD에서 네 변 AB, BC, CD, DA의 중점을 각각 P, Q, R, S 라고 하자. $\overline{AC} = 12$, $\overline{BD} = 10$일 때, □PQRS의 둘레의 길이는?

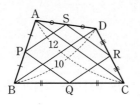

① 20   ② 22   ③ 24
④ 26   ⑤ 28

3 오른쪽 그림에서 점 G는 △ABC의 무게중심이다. $\overline{AG} = 6$, $\overline{GE} = 2$일 때, $x + y$의 값은?

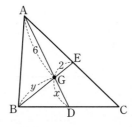

① 5   ② 6
③ 7   ④ 8
⑤ 9

4 오른쪽 그림에서 $\overline{AD}$ 는 △ABC의 중선이 고, 두 점 G, G'은 각 각 △ABD, △ADC 의 무게중심이다. $\overline{BC} = 18$ cm일 때, $\overline{GG'}$의 길이는?

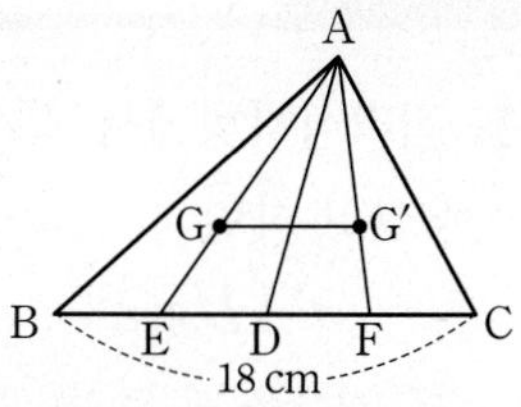

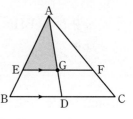

① 5 cm   ② 6 cm   ③ 7 cm
④ 8 cm   ⑤ 9 cm

5 오른쪽 그림에서 점 G 는 △ABC의 무게중심 이고, 점 G를 지나고 변 BC에 평행한 직선 이 $\overline{AB}$, $\overline{AC}$와 만나는 점을 각각 E, F라고 하자. △ABC의 넓이가 36 cm²일 때, △AEG의 넓이 는?

① 8 cm²   ② 10 cm²   ③ 12 cm²
④ 15 cm²   ⑤ 18 cm²

난 풀 수 있다. 고난도!!

도전 고난도

6 오른쪽 그림과 같은 평 행사변형 ABCD에서 두 점 E, F는 각각 변 BC, AD의 중점이고, 점 O는 두 대각선의 교 점이다. $\overline{AE}$와 $\overline{BD}$의 교점을 G, $\overline{CF}$와 $\overline{BD}$의 교점 을 G'이라고 하고 $\overline{BD} = 12$ cm일 때, $\overline{GG'}$의 길이 를 구하시오.

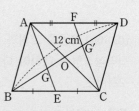

학습날짜 : 　월　　일 / 학습결과 :

1. 직각삼각형에서 직각을 낀 두 변의 길이를 각각 a, b라고 하고, 빗변의 길이를 c라고 하면 　빗변은 직각의 대변으로, 직각삼각형의 세 변 중 가장 길다. ◀

$$a^2+b^2=c^2$$

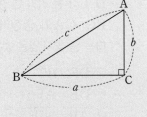

예 직각을 낀 두 변의 길이가 각각 3, 4인 직각삼각형의 빗변의 길이를 x라고 하면

$x^2=3^2+4^2=9+16=25$

$x>0$이므로 $x=5$이다.

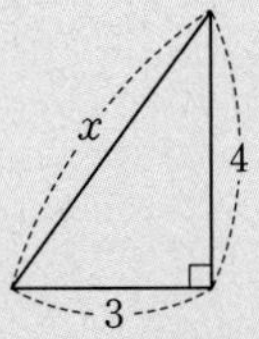

참고 피타고라스 정리를 이용하면 직각삼각형에서 두 변의 길이를 알 때, 나머지 한 변의 길이를 구할 수 있다.

2. 피타고라스 정리의 설명

$\angle C=90°$인 직각삼각형 ABC에서 $\overline{CH}\perp\overline{AB}$일 때

① $\triangle ABC \backsim \triangle CBH$이므로 $a^2=\overline{BH}\times c$

② $\triangle ABC \backsim \triangle ACH$이므로 $b^2=\overline{AH}\times c$

③ 위 ①과 ②에서

$a^2+b^2=(\overline{BH}\times c)+(\overline{AH}\times c)=(\overline{BH}+\overline{AH})\times c=c\times c=c^2$

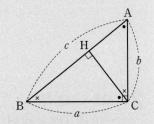

정답과 풀이 31쪽

[01~02] 오른쪽 그림과 같은 직각삼각형에 대하여 다음을 구하시오.

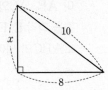

01 빗변의 길이

> **TIP** 직각삼각형에서 빗변은 직각의 대변이다.

02 x의 값

> **TIP** 직각삼각형에서 직각을 낀 두 변의 길이의 제곱의 합은 빗변의 길이의 제곱과 같다.

[03~04] 오른쪽 그림과 같은 직각삼각형에 대하여 다음을 구하시오.

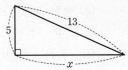

03 빗변의 길이

04 x의 값

[05~07] 다음 그림과 같은 직각삼각형에서 x의 값을 구하시오.

05

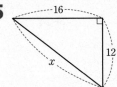

06

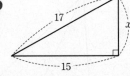

07

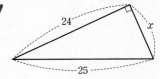

[08~10] 오른쪽 그림에 대하여
다음 물음에 답하시오.

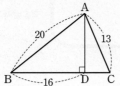

08 직각삼각형을 찾아 모두 쓰시오.

> TIP 한 내각이 직각인 삼각형을 모두 찾는다.

09 $\overline{AD}$의 길이를 구하시오.

> TIP 피타고라스 정리를 이용하기 위해 직각삼각형에서 빗변을 먼저
> 찾는다.

10 $\overline{DC}$의 길이를 구하시오.

[11~13] 다음 그림에 대하여 물음에 답하시오.

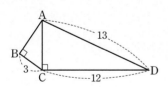

11 직각삼각형을 찾아 모두 쓰시오.

12 $\overline{AC}$의 길이를 구하시오.

13 $\overline{AB}$의 길이를 구하시오.

[14~16] 오른쪽 그림에 대하
여 다음을 구하시오.

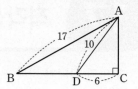

14 $\overline{AC}$의 길이

15 $\overline{BC}$의 길이

16 $\overline{BD}$의 길이

[17~19] 오른쪽 그림에 대하여
다음을 구하시오.

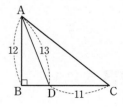

17 $\overline{BD}$의 길이

18 $\overline{BC}$의 길이

19 $\overline{AC}$의 길이

17 직각삼각형이 되는 조건

학습날짜 :   월   일 / 학습결과 :

세 변의 길이가 각각 a, b, c인 삼각형 ABC에서

$$a^2+b^2=c^2$$

인 관계가 성립하면 이 삼각형은 빗변의 길이가 c인 직각삼각형이다.

예 세 변의 길이가 각각 3, 4, 5인 삼각형은

$$3^2+4^2=5^2$$

이므로 빗변의 길이가 5인 직각삼각형이다.

참고 가장 긴 변의 길이의 제곱이 나머지 두 변의 길이의 제곱의 합과 같으면 직각삼각형임을 알 수 있다.

정답과 풀이 32쪽

[01~06] 세 변의 길이가 각각 다음과 같은 삼각형이 직각삼각형이면 ○표, 직각삼각형이 아니면 ×표를 하시오.

01 2, 4, 5   (   )

TIP 가장 긴 변의 길이의 제곱이 나머지 두 변의 길이의 제곱의 합과 같은지 비교한다.

02 3, 5, 7   (   )

03 5, 12, 13   (   )

04 6, 8, 10   (   )

05 7, 10, 13   (   )

06 8, 12, 15   (   )

[07~11] 세 변의 길이가 각각 다음과 같은 삼각형이 직각삼각형이 되도록 하는 x의 값을 구하시오.

07 12, x, 20 (단, $x<20$)

08 15, x, 25 (단, $x<25$)

09 x, 15, 17 (단, $x<17$)

10 9, 12, x (단, $x>12$)

11 7, 24, x (단, $x>24$)

핵심 반복

학습날짜 :   월   일 / 학습결과 :

정답과 풀이 32쪽

16 피타고라스 정리

1 오른쪽 그림과 같이 $\angle C=90^\circ$인 직각삼각형 ABC에서 $\overline{AC}=8$ cm, $\overline{BC}=15$ cm일 때, $\overline{AB}$의 길이는?

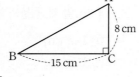

① 16 cm ② 17 cm ③ 18 cm
④ 19 cm ⑤ 20 cm

[2~3] 오른쪽 그림과 같은 $\triangle ABC$의 점 A에서 $\overline{BC}$에 내린 수선의 발을 D라고 하자. 다음 물음에 답하시오.

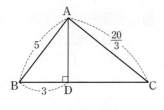

2 $\overline{AD}$의 길이는?

① $\frac{10}{3}$ ② $\frac{11}{3}$ ③ 4
④ $\frac{13}{3}$ ⑤ $\frac{14}{3}$

3 $\overline{DC}$의 길이는?

① $\frac{10}{3}$ ② 4 ③ $\frac{14}{3}$
④ $\frac{16}{3}$ ⑤ 6

17 직각삼각형이 되는 조건

4 오른쪽 그림과 같은 삼각형 ABC에서 $\angle B$의 크기는?

① 80° ② 85°
③ 90° ④ 95°
⑤ 100°

5 세 변의 길이가 각각 다음과 같은 삼각형 중에서 직각삼각형인 것은?

① 2 cm, 3 cm, 4 cm
② 3 cm, 6 cm, 7 cm
③ 4 cm, 7 cm, 8 cm
④ 5 cm, 12 cm, 13 cm
⑤ 6 cm, 10 cm, 12 cm

6 5, 12, x를 세 변의 길이로 하는 삼각형의 한 내각의 크기가 직각일 때, 다음 중 x의 값으로 가능한 것은?

① 13 ② 14 ③ 15
④ 16 ⑤ 17

꼭 알아야 할 개념	1차	2차	시험 직전
피타고라스 정리 이해하기			
피타고라스 정리를 이용하여 변의 길이 구하기			
직각삼각형이 되는 조건 이해하기			

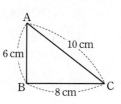

1 오른쪽 그림과 같은 직사각형 ABCD에서 $\overline{BC}=12$, $\overline{DC}=9$일 때, 대각선의 길이는?

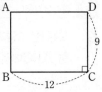

① 14   ② 15   ③ 16

④ 17   ⑤ 18

2 오른쪽 그림과 같은 사각형 ABCD에서 $\overline{BC}=4$, $\overline{CD}=3$, $\overline{AD}=\dfrac{15}{4}$일 때, $\overline{AB}$의 길이는?

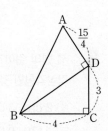

① $\dfrac{21}{4}$ ② $\dfrac{11}{2}$

③ $\dfrac{23}{4}$ ④ 6

⑤ $\dfrac{25}{4}$

3 오른쪽 그림과 같이 $\overline{AB}=\overline{AC}=10$ cm, $\overline{BC}=12$ cm인 이등변삼각형 ABC의 넓이는?

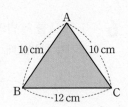

① 46 cm²

② 48 cm²

③ 50 cm²

④ 52 cm²

⑤ 54 cm²

4 오른쪽 그림과 같은 원뿔에서 모선의 길이가 5 cm, 높이가 4 cm일 때, 원뿔의 부피는?

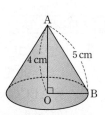

① 12π cm³

② 16π cm³

③ 20π cm³

④ 24π cm³

⑤ 28π cm³

5 오른쪽 그림과 같이 $\overline{AD}/\!/\overline{BC}$, $\angle C=\angle D=90°$인 사다리꼴 ABCD에서 $\overline{AB}=13$ cm, $\overline{BC}=16$ cm, $\overline{AD}=11$ cm일 때, 사다리꼴 ABCD의 넓이는?

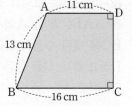

① 146 cm²   ② 154 cm²

③ 162 cm²   ④ 170 cm²

⑤ 178 cm²

난 풀 수 있다. 고난도!!

도전 고난도

6 오른쪽 그림과 같은 사각형 ABCD에서 두 대각선 AC와 BD가 직교한다. $\overline{AB}=4$, $\overline{BC}=5$, $\overline{CD}=8$일 때, x^2의 값을 구하시오.
(단, 점 O는 두 대각선의 교점이다.)

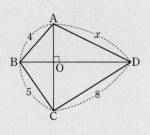

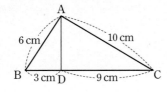

1 오른쪽 그림과 같은 △ABC에서
$\overline{AB}=6$ cm, $\overline{AC}=10$ cm, $\overline{BD}=3$ cm, $\overline{DC}=9$ cm일 때, 다음을 구하시오.

(1) △ABC와 닮음인 삼각형
(2) △ABC와 (1)에서 구한 삼각형의 닮음비
(3) $\overline{AD}$의 길이

풀이

2 오른쪽 그림과 같은 △ABC에서 ∠C=∠ADE이고 $\overline{AC}=8$ cm, $\overline{AD}=6$ cm이다. △ABC의 넓이가 48 cm²일 때, 다음을 구하시오.

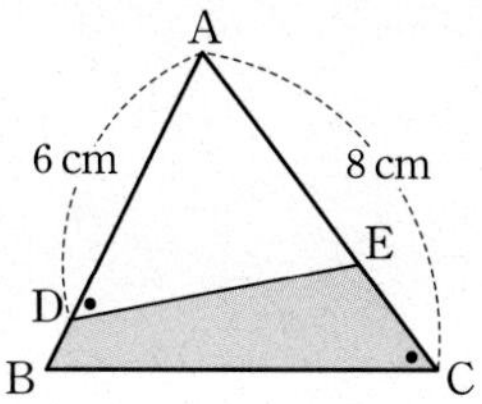

(1) △ABC와 닮음인 삼각형
(2) △ABC와 (1)에서 구한 삼각형의 닮음비
(3) △ADE의 넓이
(4) □DBCE의 넓이

풀이

3 오른쪽 그림과 같은 평행사변형 ABCD에서 두 대각선의 교점을 O, $\overline{BC}$의 중점을 E, $\overline{AE}$와 $\overline{BD}$의 교점을 F라고 하자. $\overline{BD}=36$ cm, □ABCD의 넓이가 504 cm²일 때, 다음을 구하시오.

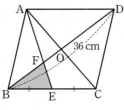

(1) $\overline{BO}$의 길이
(2) $\overline{BF}$의 길이
(3) △BEF의 넓이

풀이

4 오른쪽 그림과 같은 직육면체에서 $\overline{EF}=3$ cm, $\overline{FG}=4$ cm, $\overline{CG}=12$ cm일 때, 다음을 구하시오.

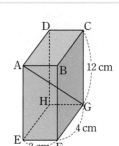

(1) $\overline{EG}$의 길이
(2) $\overline{AE}$의 길이
(3) $\overline{AG}$의 길이

풀이

MEMO

VI 확률

09장으로 확률 학습 끝!!

01 사건과 경우의 수

1. 사건: 실험이나 관찰에 의하여 일어나는 결과

2. 경우의 수: 어떤 사건이 일어날 수 있는 모든 가짓 수

실험, 관찰	사건	경우	경우의 수
한 개의 주사위를 던진다.	짝수의 눈이 나온다.		3
	5의 약수의 눈이 나온다.		2

참고 경우의 수를 구할 때에는 모든 경우를 중복되지 않게 빠짐없이 세어야 한다.

> 정답과 풀이 35쪽

[01~03] 한 개의 주사위를 던질 때, 다음 사건이 일어나는 경우의 수를 구하시오.

01 5 이상의 눈이 나온다.

02 홀수의 눈이 나온다.

03 소수의 눈이 나온다.

> TIP 소수는 1보다 큰 자연수 중에서 1과 그 수 자신만을 약수로 갖는 수, 즉 약수가 2개뿐인 수이다.

[04~06] 다음 사건이 일어나는 모든 경우의 수를 구하시오.

04 주사위 1개를 던진다.

05 동전 1개를 던진다.

06 1부터 5까지의 자연수가 각각 적힌 5장의 카드 중 한 장을 뽑는다.

[07~10] 1부터 10까지의 자연수가 각각 적힌 10장의 카드 중에서 한 장의 카드를 뽑을 때, 다음을 구하시오.

07 4보다 작은 수가 적힌 카드를 뽑는 경우의 수

08 8보다 큰 수가 적힌 카드를 뽑는 경우의 수

09 3의 배수가 적힌 카드를 뽑는 경우의 수

10 10의 약수가 적힌 카드를 뽑는 경우의 수

[11~12] 한 개의 동전을 두 번 던질 때, 다음을 구하시오.

11 모두 뒷면이 나오는 경우의 수

12 뒷면이 1개 나오는 경우의 수

[13~14] 서로 다른 두 개의 주사위를 동시에 던질 때, 다음을 구하시오.

13 두 눈의 수가 같은 경우의 수

14 두 눈의 수의 합이 5인 경우의 수

02 사건 A 또는 사건 B가 일어나는 경우의 수

두 사건 A와 B가 동시에 일어나지 않을 때,
사건 A가 일어나는 경우의 수가 m, 사건 B가 일어나는 경우의 수가
n이면
(사건 A 또는 사건 B가 일어나는 경우의 수)$=m+n$

사건 A	또는 ~이거나	사건 B
↓		↓
m	$+$	n

참고 • '두 사건 A와 B가 동시에 일어나지 않는다.'는 것은 사건 A가 일어나면 사건 B가 일어나지 않고 사건 B가
　　 일어나면 사건 A가 일어나지 않는다는 것을 뜻한다.
　　 • 일반적으로 동시에 일어나지 않는 두 사건에 대하여 '또는', '~이거나'와 같은 표현이 있으면 경우의 수의 합
　　 을 이용하여 경우의 수를 구한다.

예 한 개의 주사위를 던질 때, 4의 약수인 눈 또는 5 이상인 눈이 나올 경우의 수는
　 (4의 약수인 눈이 나올 경우의 수)$+$(5 이상인 눈이 나올 경우의 수)$=3+2=5$
　　　　└→ 1, 2, 4의 3가지　　　　　└→ 5, 6의 2가지

정답과 풀이 35쪽

[01~03] 오른쪽 표는 어떤 분식점의 차림표이다. 다음을 구하시오.

김밥	라면
야채김밥 참치김밥 치즈김밥	김치라면 만두라면

01 김밥 종류 중 한 가지를 주문하는 경우의 수

02 라면 종류 중 한 가지를 주문하는 경우의 수

03 김밥 또는 라면 종류 중에서 한 가지를 주문하는 경우의 수

> TIP '또는', '~이거나' 등의 표현이 있을 때, 각 사건이 일어나는 경우의 수를 더한다.

[04~05] 다음을 구하시오.

04 4종류의 티셔츠와 3종류의 블라우스 중 하나를 골라서 입는 경우의 수

05 2종류의 면 요리와 6종류의 밥 요리 중 한 개의 요리를 선택하는 경우의 수

[06~09] 1부터 8까지의 자연수가 각각 적힌 8장의 카드 중 1장을 뽑을 때, 다음을 구하시오.

06 3보다 작거나 6보다 큰 수가 적힌 카드를 뽑는 경우의 수

07 2의 배수 또는 5의 배수가 적힌 카드를 뽑는 경우의 수

08 5의 약수 또는 짝수가 적힌 카드를 뽑는 경우의 수

09 짝수 또는 7의 배수가 적힌 카드를 뽑는 경우의 수

[10~12] 서로 다른 두 개의 주사위를 동시에 던질 때, 다음을 구하시오.

10 두 눈의 수의 합이 3 또는 10이 되는 경우의 수

11 두 눈의 수의 곱이 6 또는 8이 되는 경우의 수

12 두 눈의 수의 차가 1 또는 4가 되는 경우의 수

03 사건 A와 사건 B가 동시에 일어나는 경우의 수

사건 A가 일어나는 경우의 수가 m이고,
그 각각의 경우에 대하여 사건 B가 일어나는 경우의 수가 n이면
(사건 A와 사건 B가 동시에 일어나는 경우의 수)$=m \times n$

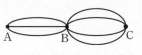

사건 A	동시에 $\sim$와 그리고	사건 B
↓	↓	↓
m	$\times$	n

참고 ① '두 사건 A와 B가 동시에 일어난다.'는 것은 시간적으로 동시에 일어난다는 의미도 있고, 두 사건이 모두 일어난다는 의미도 있다.
② 일반적으로 '동시에', '그리고', '$\sim$와', '$\sim$하고 나서'와 같은 표현이 있으면 경우의 수의 곱을 이용하여 경우의 수를 구한다.

예 서로 다른 종류의 소설책 4권과 시집 5권 중에서 소설책과 시집을 각각 한 권씩 선택하는 경우의 수는 $4 \times 5 = 20$이다.

정답과 풀이 36쪽

[01~03] 빵 4종류와 음료수 3종류가 있을 때, 다음을 구하시오.

01 빵을 한 가지 고르는 경우의 수

02 음료수를 한 가지 고르는 경우의 수

03 빵과 음료수를 각각 한 가지씩 고르는 경우의 수

> **TIP** '그리고', '$\sim$와', '동시에' 등의 표현이 있을 때, 각 사건이 일어나는 경우의 수를 곱한다.

04 서울에서 인도로 가는 항공편이 3가지, 인도에서 프랑스로 가는 항공편이 5가지일 때, 항공편으로 서울에서 인도를 거쳐 프랑스로 가는 경우의 수를 구하시오.

[05~06] 다음을 구하시오.

05 진희는 5종류의 티셔츠와 4종류의 바지를 가지고 있다. 진희가 티셔츠와 바지를 각각 하나씩 골라서 짝지어 입을 수 있는 경우의 수

06 어느 가구점에 4종류의 책상과 6종류의 의자가 있다. 책상과 의자를 한 쌍으로 하여 살 수 있는 경우의 수

[07~09] A, B, C 세 지점 사이의 길이 오른쪽 그림과 같을 때, 다음을 구하시오.

07 A 지점에서 B 지점으로 가는 방법의 수

08 B 지점에서 C 지점으로 가는 방법의 수

09 A 지점에서 B 지점을 거쳐 C 지점으로 가는 방법의 수

[10~13] 한 개의 주사위를 두 번 던질 때, 다음을 구하시오.

10 처음 나온 눈의 수는 짝수이고, 나중에 나온 눈의 수는 홀수인 경우의 수

11 처음 나온 눈의 수는 소수이고, 나중에 나온 눈의 수는 3의 배수인 경우의 수

12 두 눈의 수가 모두 6의 약수인 경우의 수

13 두 눈의 수의 곱이 홀수인 경우의 수

04 일렬로 세우는 경우의 수

학습날짜 :   월   일 / 학습결과 :

1. 한 줄로 세우는 경우의 수

① n명을 한 줄로 세우는 경우의 수는 $n \times (n-1) \times (n-2) \times \cdots \times 2 \times 1$

→ n명 중에서 1명을 뽑는 경우의 수
→ 1명을 뽑고 남은 $(n-1)$명 중에서 1명을 뽑는 경우의 수

② n명 중에서 2명을 뽑아 한 줄로 세우는 경우의 수는 $n \times (n-1)$

→ 2명을 뽑고 남은 $(n-2)$명 중에서 1명을 뽑는 경우의 수

③ n명 중에서 3명을 뽑아 한 줄로 세우는 경우의 수는 $n \times (n-1) \times (n-2)$

예 4명을 한 줄로 세우는 경우의 수는 $4 \times 3 \times 2 \times 1 = 24$

4명 중에서 2명을 뽑아 한 줄로 세우는 경우의 수는 $4 \times 3 = 12$

4명 중에서 3명을 뽑아 한 줄로 세우는 경우의 수는 $4 \times 3 \times 2 = 24$

2. 한 줄로 세울 때 이웃하여 서는 경우의 수

① 이웃하는 것을 하나로 묶어 한 줄로 세우는 경우의 수를 구한다.

② 묶음 안에서 자리를 바꾸는 경우의 수를 구한다.

③ ①과 ②의 경우의 수를 곱한다.

예 A, B, C, D 4명이 한 줄로 설 때, B, C 두 사람이 이웃하여 서는 경우의 수를 구해 보자.

① A, (B, C), D를 한 줄로 세우는 경우의 수는 $3 \times 2 \times 1 = 6$ → B와 C가 이웃하여야 하므로 한 명으로 간주한다.

② B, C가 자리를 바꾸는 경우의 수는 2

③ ①, ②에서 구하고자 하는 경우의 수는 $6 \times 2 = 12$

정답과 풀이 36쪽

[01~06] 다음을 구하시오.

01 철수, 영희, 진호 3명의 학생을 일렬로 세우는 경우의 수

02 A, B, C, D 4명을 일렬로 세우는 경우의 수

03 수학, 국어, 영어, 과학, 사회 5권의 교과서를 책꽂이에 한 줄로 꽂는 경우의 수

04 4명의 학생 중 2명을 선택하여 일렬로 세우는 경우의 수

05 5개의 알파벳 S T U D Y 중에서 3개를 뽑아 한 줄로 나열하는 경우의 수

06 빨강, 파랑, 노랑, 초록, 분홍의 5가지 색 중 3가지 색을 골라 이들을 한 번씩 모두 사용하여 오른쪽 그림의 세 칸 A, B, C에 칠하는 경우의 수

A	B	C

[07~10] A, B, C, D, E 5명의 학생을 한 줄로 세울 때 다음을 구하시오.

07 3명을 선택하여 일렬로 세우는 경우의 수

08 A가 맨 앞에 서는 경우의 수

TIP A가 맨 앞에 서는 경우는 A□□□□와 같이 A의 위치를 고정하고 나머지를 일렬로 배열하는 경우이다.

09 A가 맨 앞에 서고, E가 맨 뒤에 서는 경우의 수

10 A와 B가 이웃하여 서는 경우의 수

TIP 먼저 A, B 2명을 하나로 묶어 한 줄로 세운 후 A, B 2명이 자리를 바꾸는 경우를 생각한다.

11 동주, 지민, 석민, 진희 네 사람이 일렬로 설 때, 진희가 두 번째에 서는 경우의 수를 구하시오.

12 할아버지, 할머니, 아버지, 어머니, 나, 동생 6명이 옆으로 나란히 서서 사진을 찍으려고 한다. 아버지가 가장 왼쪽에, 어머니가 가장 오른쪽에 서는 경우의 수를 구하시오.

Ⅵ 확률 **85**

05 정수의 개수

1. 0이 포함되지 않은 경우

서로 다른 한 자리 숫자가 각각 적힌 n장의 카드에서

→ 십의 자리: n장 중에서 1장을 뽑는다.

→ 일의 자리: $(n-1)$장 중에서 1장을 뽑는다.

① 2장을 뽑아 만들 수 있는 두 자리 정수: $n \times (n-1)$(개)

② 3장을 뽑아 만들 수 있는 세 자리 정수: $n \times (n-1) \times (n-2)$(개)

2. 0이 포함된 경우

서로 다른 한 자리 숫자가 각각 적힌 n장의 카드에서

→ 십의 자리: 0을 제외한 $(n-1)$장 중에서 1장을 뽑는다.

→ 일의 자리: 십의 자리 수를 제외하고 0을 포함한 $(n-1)$장 중에서 1장을 뽑는다.

① 2장을 뽑아 만들 수 있는 두 자리 정수: $(n-1) \times (n-1)$(개)

② 3장을 뽑아 만들 수 있는 세 자리 정수: $(n-1) \times (n-1) \times (n-2)$(개)

참고 0이 포함된 숫자들 중에서 고르는 경우에는 0은 맨 앞자리에 올 수 없음에 유의한다.

정답과 풀이 37쪽

[01~02] 1, 2, 3, 4의 숫자가 각각 적힌 4장의 카드가 있을 때, 다음을 구하시오.

01 2장을 뽑아 만들 수 있는 두 자리 정수의 개수

02 3장을 뽑아 만들 수 있는 세 자리 정수의 개수

[03~06] 1부터 7까지의 자연수가 각각 적힌 7장의 카드 중 2장의 카드를 뽑아 두 자리 자연수를 만들 때, 다음을 구하시오.

03 두 자리 정수의 개수

04 짝수의 개수

05 20보다 작은 자연수의 개수

06 60보다 큰 자연수의 개수

[07~08] 0, 1, 2, 3의 숫자가 각각 적힌 4장의 카드가 있을 때, 다음을 구하시오.

07 2장을 뽑아 만들 수 있는 두 자리 정수의 개수

TIP 십의 자리에 0이 올 수 없다.

08 3장을 뽑아 만들 수 있는 세 자리 정수의 개수

[09~11] 0, 1, 3, 4, 5의 5개의 숫자가 각각 적힌 5장의 카드에 대하여 다음을 구하시오.

09 2장의 카드를 뽑아 만들 수 있는 두 자리 정수의 개수

10 2장의 카드를 뽑아 만들 수 있는 두 자리 짝수의 개수

11 3장의 카드를 뽑아 만들 수 있는 세 자리 짝수의 개수

06 대표 뽑기

학습날짜 :　　월　　일 / 학습결과 : ☺ 😕 😣

1. 자격이 다른 대표 뽑기

n명 중에서 자격이 다른 2명을 뽑는 경우의 수: $n \times (n-1)$

예 A, B, C 중에서 회장 1명, 부회장 1명을 뽑는 경우의 수는

$$A <\begin{matrix} B \\ C \end{matrix} \qquad B <\begin{matrix} A \\ C \end{matrix} \qquad C <\begin{matrix} A \\ B \end{matrix}$$

따라서 $3 \times 2 = 6$

2. 자격이 같은 대표 뽑기

n명 중에서 자격이 같은 2명을 뽑는 경우의 수: $\dfrac{n \times (n-1)}{2}$

예 A, B, C 중에서 대의원 2명을 뽑는 경우의 수는

$$A <\begin{matrix} B \\ C \end{matrix} \qquad B <\begin{matrix} A \text{ 중복} \\ C \end{matrix} \qquad C <\begin{matrix} A \text{ 중복} \\ B \text{ 중복} \end{matrix}$$

따라서 $\dfrac{3 \times 2}{2} = 3$

정답과 풀이 38쪽

[01~02] A, B, C, D의 4명의 학생에 대하여 다음을 구하시오.

01 회장 1명, 부회장 1명을 뽑는 경우의 수

02 회장 1명, 부회장 1명, 총무 1명을 뽑는 경우의 수

03 어느 농구 동아리에 5명의 선수가 있다. 이 중에서 주장 1명, 부주장 1명을 뽑는 경우의 수를 구하시오.

[04~05] 남학생 3명과 여학생 4명에 대하여 다음을 구하시오.

04 회장 1명과 부회장 1명을 뽑는 경우의 수

05 남학생 중에서 회장 1명, 부회장 1명을 뽑고, 여학생 중에서 총무 1명을 뽑는 경우의 수

[06~07] A, B, C, D의 4명의 학생에 대하여 다음을 구하시오.

06 대의원 2명을 뽑는 경우의 수

07 대의원 3명을 뽑는 경우의 수

TIP 자격이 같은 대의원 3명을 뽑는 경우는 (A, B, C), (A, C, B), (B, A, C), (B, C, A), (C, A, B), (C, B, A)를 모두 같은 경우로 간주한다.

08 사과, 배, 오렌지, 레몬, 바나나 5개의 과일 중 2개를 선택하여 선물상자를 만들려고 한다. 선물상자를 만들 수 있는 경우의 수를 구하시오.

[09~10] 남학생 3명과 여학생 4명에 대하여 다음을 구하시오.

09 대표 2명을 뽑는 경우의 수

10 남학생 중에서 대표 2명을 뽑고, 여학생 중에서 대표 2명을 뽑는 경우의 수

01 사건과 경우의 수

1 1부터 9까지의 자연수가 각각 적힌 9장의 카드 중 한 장을 뽑을 때, 2의 배수가 나오는 경우의 수는?

① 3   ② 4   ③ 5
④ 6   ⑤ 9

2 빨강 주사위 한 개와 파랑 주사위 한 개를 동시에 던질 때, 나오는 눈의 수의 합이 6인 경우의 수는?

① 3   ② 4   ③ 5
④ 6   ⑤ 7

02 사건 A 또는 사건 B가 일어나는 경우의 수

3 디저트 메뉴로 아이스크림 2종류와 음료수 3종류가 있다. 디저트 메뉴로 한 가지를 선택하는 경우의 수는?

① 2   ② 3   ③ 5
④ 6   ⑤ 8

03 사건 A와 사건 B가 동시에 일어나는 경우의 수

4 정우와 수정이가 가위바위보를 할 때, 둘이 낼 수 있는 모든 경우의 수는?

① 3   ② 6   ③ 8
④ 9   ⑤ 12

04 일렬로 세우는 경우의 수

5 A, B, C, D, E, F 6명 중에서 3명을 뽑아 일렬로 세우는 경우의 수는?

① 12   ② 24   ③ 48
④ 60   ⑤ 120

05 정수의 개수

6 1, 2, 3, 4, 5의 숫자가 각각 적힌 5장의 카드 중 두 장을 뽑아 두 자리 자연수를 만들 때, 짝수의 개수는?

① 5   ② 8   ③ 10
④ 12   ⑤ 15

06 대표 뽑기

7 7명의 학생 중에서 1명의 회장과 1명의 부회장을 뽑는 경우의 수는?

① 20   ② 30   ③ 36
④ 40   ⑤ 42

8 6명의 탁구 선수 중 2명을 뽑아 만들 수 있는 복식 조의 수는?

① 10   ② 12   ③ 15
④ 18   ⑤ 21

📝 **꼭** 알아야 할 개념

	1차	2차	시험 직전
여러 가지 사건의 경우의 수 구하기			
사건 A 또는 사건 B가 일어나는 경우의 수 구하기			
사건 A와 사건 B가 동시에 일어나는 경우의 수 구하기			

1 1부터 20까지의 자연수가 각각 적힌 20장의 카드 중에서 한 장의 카드를 뽑을 때, 4의 배수 또는 7의 배수가 적힌 카드를 뽑는 경우의 수는?

① 4   ② 7   ③ 9
④ 10   ⑤ 13

2 A, B, C 세 지점 사이의 길이 다음 그림과 같을 때, A 지점에서 C 지점까지 가는 방법의 수는?

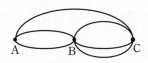

① 7   ② 8   ③ 9
④ 10   ⑤ 11

3 10원짜리 동전 1개, 50원짜리 동전 1개, 100원짜리 동전 1개를 동시에 던질 때, 일어날 수 있는 모든 경우의 수는?

① 2   ② 4   ③ 6
④ 8   ⑤ 16

4 0, 1, 2, 3, 4의 5개의 숫자가 각각 적힌 5장의 카드 중에서 3장의 카드를 뽑아 일의 자리의 숫자가 0인 세 자리 자연수를 만들려고 한다. 이때 만들 수 있는 자연수의 개수는?

① 8   ② 10   ③ 12
④ 20   ⑤ 24

5 승준, 민준, 예준, 도현, 우진이가 옆으로 나란히 서서 사진을 찍으려고 할 때, 승준이와 민준이가 양 끝에 서는 경우의 수는?

① 6   ② 10   ③ 12
④ 15   ⑤ 24

6 6명의 학생 중에서 자격이 다른 두 명의 대표를 뽑는 경우의 수를 a, 자격이 같은 두 명의 대표를 뽑는 경우의 수를 b라고 할 때, $a+b$의 값은?

① 15   ② 30   ③ 45
④ 60   ⑤ 75

도전 고난도

7 오른쪽 그림과 같이 원 위에 6개의 점이 있다. 세 점을 이어서 만든 삼각형의 개수를 구하시오.

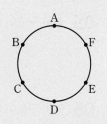

07 확률의 뜻

1. 확률: 일반적으로 각각의 경우가 일어날 가능성이 같은 어떤 실험이나 관찰에서 일어날 수 있는 모든 경우의 수에 대한 사건 A가 일어나는 경우의 수의 비율을 사건 A가 일어날 확률이라고 한다.

2. 사건 A가 일어날 확률 p는

$$p = \frac{(\text{사건 } A\text{가 일어나는 경우의 수})}{(\text{모든 경우의 수})} = \frac{a}{n}$$

예 동전 1개를 던질 때, 일어나는 모든 경우는 앞면, 뒷면의 2가지이고, 뒷면이 나오는 경우는 1가지이므로

$$(\text{뒷면이 나올 확률}) = \frac{(\text{뒷면이 나오는 경우의 수})}{(\text{모든 경우의 수})} = \frac{1}{2}$$

참고 ① 확률을 나타내는 영어 p는 probability의 첫글자이다.

② 확률은 보통 분수, 소수, 백분율(%) 등으로 나타낸다.

정답과 풀이 39쪽

[01~03] 한 개의 주사위를 던질 때, 다음을 구하시오.

01 일어날 수 있는 모든 경우의 수

02 짝수의 눈이 나오는 경우의 수

03 짝수의 눈이 나올 확률

> TIP
> $(\text{사건 } A\text{가 일어날 확률}) = \frac{(\text{사건 } A\text{가 일어나는 경우의 수})}{(\text{모든 경우의 수})}$

[04~06] 오른쪽 그림과 같이 주머니에 흰 구슬 3개와 검은 구슬 5개가 들어 있다. 이 주머니에서 1개의 구슬을 꺼낼 때, 다음을 구하시오.

04 모든 경우의 수

05 검은 구슬이 나오는 경우의 수

06 검은 구슬이 나올 확률

[07~08] 한 개의 주사위를 던질 때, 다음을 구하시오.

07 4보다 작은 수의 눈이 나올 확률

08 6의 약수의 눈이 나올 확률

[09~11] 서로 다른 두 개의 동전을 동시에 던질 때, 다음을 구하시오.

09 앞면이 한 개만 나올 확률

> TIP
> 서로 다른 두 개의 동전을 동시에 던질 때 일어날 수 있는 모든 경우는 (앞, 앞), (앞, 뒤), (뒤, 앞), (뒤, 뒤)의 4가지이다.

10 모두 앞면이 나올 확률

11 서로 같은 면이 나올 확률

12 서로 다른 두 개의 주사위를 동시에 던질 때, 나오는 눈의 수가 서로 같을 확률을 구하시오.

08 확률의 성질(1)

학습날짜 :   월   일 / 학습결과 : 😊 😐 😣

1. 어떤 사건이 일어날 확률을 p라 하면 $0 \le p \le 1$이다.

2. 반드시 일어나는 사건의 확률은 1이다.

3. 절대로 일어날 수 없는 사건의 확률은 0이다.

참고 한 사건의 확률은 음수가 나오거나 1보다 큰 수가 될 수 없다.

예 한 개의 주사위를 던질 때

① 4의 눈이 나올 확률: $\dfrac{1}{6}$

② 6 이하의 눈이 나올 확률: 1

③ 7 보다 큰 눈이 나올 확률: 0

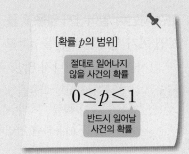

[확률 p의 범위]

절대로 일어나지 않을 사건의 확률

$$0 \le p \le 1$$

반드시 일어날 사건의 확률

정답과 풀이 40쪽

[01~03] 한 개의 주사위를 던질 때, 다음을 구하시오.

01 나온 눈의 수가 4 이하일 확률

02 나온 눈의 수가 6 이하일 확률

03 나온 눈의 수가 7 이상일 확률

> TIP 주사위의 눈의 수는 1부터 6까지의 자연수이므로 7 이상의 눈은 나올 수 없다.

[04~06] 1부터 9까지 자연수가 각각 적힌 9장의 카드 중에서 한 장을 뽑을 때, 다음을 구하시오.

04 카드에 적힌 수가 3 이상 7 이하일 확률

05 카드에 적힌 수가 1 이상일 확률

06 카드에 적힌 수가 0 이하일 확률

[07~09] 100원짜리 동전 1개를 던질 때, 다음을 구하시오.

07 앞면이 나올 확률

08 뒷면이 나올 확률

09 앞면 또는 뒷면이 나올 확률

[10~12] 오른쪽 그림과 같이 흰 구슬과 검은 구슬이 각각 5개, 4개가 들어 있는 주머니 속에서 한 개의 구슬을 꺼낼 때, 다음을 구하시오.

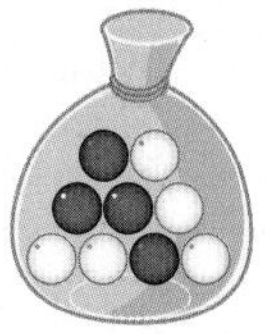

10 흰 구슬을 꺼낼 확률

11 노란 구슬을 꺼낼 확률

12 흰 구슬 또는 검은 구슬을 꺼낼 확률

09 확률의 성질(2)

어떤 사건이 일어나지 않을 확률

사건 A가 일어날 확률을 p라고 하면

(사건 A가 일어나지 않을 확률)$=1-p$

참고 ① 사건 A가 일어날 확률을 p, 사건 A가 일어나지 않을 확률을 q라 하면 $p+q=1$
② '적어도 ~일 확률', '~가 아닐 확률', '~하지 못할 확률' 등과 같이 표현된 사건의 확률은 어떤 사건이 일어나지 않을 확률을 이용하면 편리하다.

예 ① 진희가 시험에 합격할 확률이 $\dfrac{5}{7}$이면 시험에 불합격할 확률은 $1-\dfrac{5}{7}=\dfrac{2}{7}$이다.
② 서로 다른 두 개의 동전을 동시에 던질 때, 적어도 한 개는 앞면이 나올 확률
   (적어도 한 개는 앞면이 나올 확률)$=$(앞면이 한 개 이상 나올 확률)
   $=1-$(모두 뒷면이 나올 확률)
   $=1-\dfrac{1}{4}=\dfrac{3}{4}$

정답과 풀이 40쪽

[01~05] 다음을 구하시오.

01 어떤 문제를 맞힐 확률이 $\dfrac{1}{3}$일 때, 그 문제를 틀릴 확률

02 내일 비가 올 확률이 $\dfrac{1}{4}$일 때, 내일 비가 오지 않을 확률

03 어떤 양궁선수가 과녁의 정 중앙을 맞힐 확률이 $\dfrac{9}{10}$일 때, 이 선수가 과녁의 정 중앙을 맞히지 못할 확률

04 한 개의 주사위를 던질 때, 나온 눈의 수가 4가 아닐 확률

05 1부터 30까지의 자연수가 각각 적힌 30장의 카드 중에서 한 장의 카드를 뽑을 때, 카드에 적힌 수가 29 이상이 아닐 확률

[06~07] 서로 다른 동전 3개를 동시에 던질 때, 다음을 구하시오.

06 동전 3개가 모두 뒷면이 나올 확률

07 적어도 동전 1개가 앞면이 나올 확률

TIP '적어도 동전 1개가 앞면이 나온다.'라는 사건은 '동전 3개가 모두 뒷면이 나온다.'라는 사건이 일어나지 않는 것이다.

[08~10] 서로 다른 두 개의 주사위 A, B를 동시에 던질 때, 다음을 구하시오.

08 둘 다 짝수의 눈이 나오는 경우의 수

09 둘 다 짝수의 눈이 나올 확률

10 적어도 하나는 홀수의 눈이 나올 확률

10 사건 A 또는 사건 B가 일어날 확률

두 사건 A, B가 동시에 일어나지 않을 때, 사건 A가 일어날 확률을 p, 사건 B가 일어날 확률을 q라고 하면

(사건 A 또는 사건 B가 일어날 확률)$=p+q$

사건 A	또는 $\sim$이거나	사건 B
$\downarrow$	$\downarrow$	$\downarrow$
p	$+$	q

참고 일반적으로 두 사건이 동시에 일어나지 않을 때, '~또는', '~이거나'와 같은 표현이 있으면 각 확률을 구한 다음 더한다.

예 한 개의 주사위를 던질 때,

(3 이하의 눈이 나올 확률)$=\dfrac{3}{6}=\dfrac{1}{2}$, (5 이상의 눈이 나올 확률)$=\dfrac{2}{6}=\dfrac{1}{3}$

두 사건이 동시에 일어나지 않으므로 (3 이하 또는 5 이상의 눈이 나올 확률)$=\dfrac{1}{2}+\dfrac{1}{3}=\dfrac{3}{6}+\dfrac{2}{6}=\dfrac{5}{6}$

정답과 풀이 41쪽

[01~03] 한 개의 주사위를 던질 때, 다음을 구하시오.

01 짝수의 눈이 나올 확률

02 5의 배수의 눈이 나올 확률

03 짝수의 눈 또는 5의 배수의 눈이 나올 확률

TIP '또는', '~이거나' 등의 표현이 있을 때, 각 사건이 일어나는 확률을 더한다.

[04~05] 오른쪽 그림과 같이 주머니에 파란 구슬 3개, 노란 구슬 4개, 빨간 구슬 5개가 들어 있다. 이 주머니에서 한 개의 구슬을 꺼낼 때, 다음을 구하시오.

04 꺼낸 구슬이 파란 구슬 또는 노란 구슬일 확률

05 꺼낸 구슬이 노란 구슬 또는 빨간 구슬일 확률

[06~08] 1부터 15까지의 자연수가 각각 적힌 15장의 카드 중에서 한 장을 뽑을 때, 다음을 구하시오.

06 3의 배수 또는 7의 배수가 적힌 카드를 뽑을 확률

07 4 이하 또는 14 이상의 수가 적힌 카드를 뽑을 확률

08 8의 약수 또는 5의 배수가 적힌 카드를 뽑을 확률

[09~10] 서로 다른 두 개의 주사위를 동시에 던질 때, 다음을 구하시오.

09 두 눈의 수의 합이 4 또는 9일 확률

10 두 눈의 수의 곱이 4 또는 10일 확률

11 사건 A와 사건 B가 동시에 일어날 확률

사건 A와 사건 B가 서로 영향을 주지 않을 때,
사건 A가 일어날 확률을 p, 사건 B가 일어날 확률을 q라고 하면
　　(사건 A와 사건 B가 동시에 일어날 확률)$=p \times q$

사건 A	동시에 ~와 그리고	사건 B
↓	↓	↓
p	$\times$	q

참고 • '두 사건 A와 B가 동시에 일어난다.'는 것은 시간적으로 동시에 일어난다는 의미도 있고, 두 사건이 모두 일어난다는 의미도 있다.

　　• 일반적으로 '동시에', '그리고', '~와', '~하고 나서'와 같은 표현이 있으면 각 확률을 구한 다음 곱한다.

예 동전 1개와 주사위 1개를 동시에 던질 때,

동전에서 뒷면이 나올 확률은 $\dfrac{1}{2}$, 주사위의 눈이 5의 약수가 나올 확률은 $\dfrac{2}{6}=\dfrac{1}{3}$이므로

(동전은 뒷면이 나오고 주사위의 눈이 5의 약수가 나올 확률)$=\dfrac{1}{2} \times \dfrac{1}{3}=\dfrac{1}{6}$

정답과 풀이 42쪽

[01~03] A 주머니에는 흰 공 3개, 검은 공 2개가 들어 있고, B 주머니에는 흰 공 5개, 검은 공 3개가 들어 있다. 두 주머니에서 각각 1개씩 공을 꺼낼 때, 다음을 구하시오.

01 A 주머니에서 흰 공을 꺼낼 확률

02 B 주머니에서 검은 공을 꺼낼 확률

03 A 주머니에서 흰 공을 꺼내고, B 주머니에서 검은 공을 꺼낼 확률

> TIP '그리고', '~와', '동시에' 등의 표현이 있을 때, 각 사건이 일어나는 확률을 곱한다.

[04~05] 서로 다른 주사위 A와 B를 동시에 던질 때, 다음을 구하시오.

04 A 주사위의 눈의 수는 짝수이고, B 주사위의 눈의 수는 홀수일 확률

05 A 주사위의 눈의 수는 소수이고, B 주사위의 눈의 수는 3의 배수일 확률

[06~07] 서로 다른 동전 2개와 주사위 1개를 동시에 던질 때, 다음을 구하시오.

06 동전은 모두 앞면이 나오고, 주사위는 소수의 눈이 나올 확률

07 동전은 모두 뒷면이 나오고, 주사위는 6의 약수의 눈이 나올 확률

[08~10] 다음을 구하시오.

08 두 양궁선수의 명중률이 각각 $\dfrac{4}{5}$, $\dfrac{3}{4}$일 때, 두 선수 모두 과녁을 명중시킬 확률

09 두 농구선수의 자유투 성공률이 각각 $\dfrac{7}{8}$, $\dfrac{8}{9}$일 때, 두 선수 모두 자유투를 성공할 확률

10 두 학생의 어떤 문제를 맞힐 확률이 각각 $\dfrac{1}{4}$, $\dfrac{3}{5}$일 때, 두 학생이 모두 문제를 맞힐 확률

12 적어도 ~일 확률

사건 A가 일어날 확률을 p, 사건 B가 일어날 확률을 q라고 할 때

(적어도 사건 A 또는 사건 B가 일어날 확률)

=1−(사건 A와 사건 B가 모두 일어나지 않을 확률)

=1−(사건 A가 일어나지 않을 확률)×(사건 B가 일어나지 않을 확률)

=$1-(1-p)\times(1-q)$

예 진희가 약속 시간에 늦을 확률은 $\frac{1}{3}$이고, 석민이가 약속 시간에 늦을 확률은 $\frac{2}{5}$라 할 때,

(두 사람 중 적어도 한 명은 약속 시간에 늦을 확률)=1−(두 사람이 모두 약속 시간에 늦지 않을 확률)

$$=1-\left(1-\frac{1}{3}\right)\times\left(1-\frac{2}{5}\right)$$

$$=1-\frac{2}{3}\times\frac{3}{5}=\frac{3}{5}$$

정답과 풀이 43쪽

[01~04] 오른쪽 그림과 같이 A 주머니에는 흰 구슬 2개, 검은 구슬 3개, B 주머니에는 흰 구슬 3개, 검은 구슬 2개가 들어 있다.

A   B

2개의 주머니에서 각각 1개의 구슬을 꺼낼 때, 다음을 구하시오.

01 A 주머니에서 검은 구슬을 꺼낼 확률

02 B 주머니에서 검은 구슬을 꺼낼 확률

03 두 주머니에서 모두 검은 구슬을 꺼낼 확률

04 적어도 하나는 흰 구슬을 꺼낼 확률

[05~08] 서로 다른 두 개의 주사위 A와 B를 동시에 던질 때, 다음을 구하시오.

05 A 주사위에서 짝수의 눈이 나올 확률

06 B 주사위에서 짝수의 눈이 나올 확률

07 두 주사위 모두 짝수의 눈이 나올 확률

08 두 주사위 중 적어도 하나는 홀수의 눈이 나올 확률

09 A, B 두 명의 사격선수가 과녁을 명중시킬 확률은 각각 $\frac{1}{2}$, $\frac{2}{3}$일 때, 두 사람 중 적어도 한 사람은 과녁을 명중시킬 확률을 구하시오.

> TIP (적어도 한 사람은 과녁을 명중시킬 확률)
> =1−(두 사람 모두 과녁을 명중시키지 못할 확률)

10 윤희가 보드게임에서 이길 확률이 $\frac{3}{5}$이라고 한다. 두 번의 게임을 할 때, 윤희가 적어도 한 번은 이길 확률을 구하시오. (단, 비기는 경우는 없다.)

13 연속하여 뽑는 경우의 확률

1. 뽑은 것을 다시 넣는 경우

처음에 일어난 사건이 나중에 일어난 사건에 영향을 주지 않는다.

➡ 처음과 나중의 조건이 같다.

2. 뽑은 것을 다시 넣지 않는 경우

처음에 일어난 사건이 나중에 일어난 사건에 영향을 준다.

➡ 처음과 나중의 조건이 다르다.

예 흰 공 3개와 검은 공 2개가 들어 있는 주머니에서 연속하여 2개의 공을 꺼낼 때, 다음의 각 경우에 두 번 모두 검은 공이 나올 확률은

(1) 꺼낸 공을 다시 넣으면

(처음에 검은 공을 꺼낼 확률)$=\dfrac{2}{5}$, (나중에 검은 공을 꺼낼 확률)$=\dfrac{2}{5}$

$\therefore$ (두 번 모두 검은 공을 꺼낼 확률)$=\dfrac{2}{5}\times\dfrac{2}{5}=\dfrac{4}{25}$

(2) 꺼낸 공을 다시 넣지 않으면

(처음에 검은 공을 꺼낼 확률)$=\dfrac{2}{5}$, (나중에 검은 공을 꺼낼 확률)$=\dfrac{1}{4}$

$\therefore$ (두 번 모두 검은 공을 꺼낼 확률)$=\dfrac{2}{5}\times\dfrac{1}{4}=\dfrac{1}{10}$

정답과 풀이 43쪽

[01~04] 오른쪽 그림과 같이 흰 구슬이 5개, 검은 구슬이 4개 들어 있는 주머니 속에서 연속하여 1개씩 두 번 구슬을 꺼낼 때, 다음을 구하시오. (단, 꺼낸 구슬은 다시 주머니 속에 넣는다.)

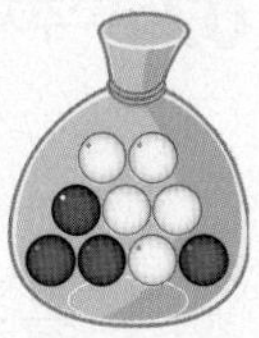

01 두 개의 구슬이 모두 흰 구슬일 확률

TIP 꺼낸 구슬은 다시 주머니에 넣으므로 처음 꺼낼 때의 전체의 구슬의 개수와 나중에 꺼낼 때의 전체의 구슬의 개수가 같다.

02 두 개의 구슬이 모두 검은 구슬일 확률

03 첫 번째는 흰 구슬, 두 번째는 검은 구슬일 확률

04 첫 번째는 검은 구슬, 두 번째는 흰 구슬일 확률

[05~08] 오른쪽 그림과 같이 흰 바둑돌이 3개, 검은 바둑돌이 5개 들어 있는 주머니 속에서 연속하여 1개씩 두 번 바둑돌을 꺼낼 때, 다음을 구하시오. (단, 꺼낸 바둑돌은 다시 주머니 속에 넣지 않는다.)

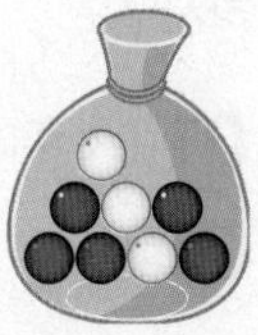

05 두 개의 바둑돌이 모두 검은 바둑돌일 확률

TIP 꺼낸 바둑돌은 다시 주머니에 넣지 않으므로 처음 꺼낼 때와 나중에 꺼낼 때의 조건이 다름에 주의한다.

06 두 개의 바둑돌이 모두 흰 바둑돌일 확률

07 첫 번째는 흰 바둑돌, 두 번째는 검은 바둑돌일 확률

08 첫 번째는 검은 바둑돌, 두 번째는 흰 바둑돌일 확률

14 도형에서의 확률

도형과 관련된 확률을 구할 때에는 모든 경우의 수는 도형 전체의 넓이로, 어떤 사건이 일어나는 경우의 수는 도형에서 해당하는 부분의 넓이로 생각한다. 즉,

$$(도형에서의 \ 확률) = \frac{(사건에 \ 해당하는 \ 부분의 \ 넓이)}{(도형 \ 전체의 \ 넓이)}$$

↳ 해당하는 부분의 넓이가 전체 넓이에서 차지하는 비율

예 오른쪽 그림과 같이 3등분된 원판을 돌릴 때 화살표가 A 부분에 있게 될 확률을 구해 보자.

A 부분의 넓이가 전체 넓이의 $\frac{1}{3}$이므로 구하고자 하는 확률은 $\frac{1}{3}$이다.

정답과 풀이 44쪽

[01~04] 다음 그림과 같이 똑같은 넓이로 나누어진 원판에 화살을 한 발 쏠 때, 빨간색이 칠해진 영역을 맞힐 확률을 구하시오. (단, 화살이 원판을 벗어나거나 경계선에 맞지 않는다.)

01
02

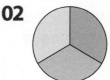

03
04

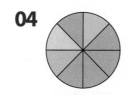

[05~06] 오른쪽 그림과 같이 8등분된 과녁에 1부터 8까지의 숫자가 각각 적혀 있다. 이 과녁에 1개의 화살을 쏠 때, 다음을 구하시오. (단, 화살은 과녁을 벗어나거나 경계선에 맞지 않는다.)

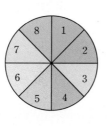

05 3의 배수가 적힌 과녁을 맞힐 확률

06 소수가 적힌 과녁을 맞힐 확률

[07~11] 오른쪽 그림과 같이 9등분된 과녁에 1부터 9까지의 자연수가 각각 적혀 있다. 이 과녁에 2발의 총알을 쏠 때, 다음을 구하시오. (단, 총알은 과녁을 벗어나거나 경계선에 맞지 않는다.)

1	2	3
4	5	6
7	8	9

07 두 발 모두 짝수가 적힌 과녁을 맞힐 확률

08 처음 총알은 3의 배수, 나중 총알은 6의 약수가 적힌 과녁을 맞힐 확률

09 두 발 모두 소수가 적힌 과녁을 맞힐 확률

10 두 발 모두 홀수가 적힌 과녁을 맞힐 확률

11 적어도 한 발은 짝수가 적힌 과녁을 맞힐 확률

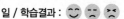
07 확률의 뜻

1 한 개의 주사위를 던질 때, 홀수의 눈이 나올 확률은?

① $\dfrac{1}{4}$ ② $\dfrac{1}{3}$ ③ $\dfrac{1}{2}$

④ $\dfrac{2}{3}$ ⑤ 1

2 A, B, C, D 4명을 한 줄로 세울 때, A가 맨 뒤에 서게 될 확률은?

① $\dfrac{1}{6}$ ② $\dfrac{1}{4}$ ③ $\dfrac{1}{3}$

④ $\dfrac{1}{2}$ ⑤ $\dfrac{2}{3}$

09 확률의 성질(2)

3 어떤 사격선수가 과녁을 명중시킬 확률이 $\dfrac{4}{5}$일 때, 이 선수가 과녁을 명중시키지 못할 확률은?

① 0 ② $\dfrac{1}{5}$ ③ $\dfrac{1}{3}$

④ $\dfrac{3}{5}$ ⑤ $\dfrac{4}{5}$

11 사건 A와 사건 B가 동시에 일어날 확률

4 어떤 시험에서 선규가 합격할 확률은 $\dfrac{3}{4}$, 진호가 합격할 확률은 $\dfrac{2}{3}$일 때, 선규와 진호가 이 시험에 모두 합격할 확률은?

① $\dfrac{1}{3}$ ② $\dfrac{1}{2}$ ③ $\dfrac{2}{3}$

④ $\dfrac{3}{4}$ ⑤ $\dfrac{4}{5}$

12 적어도 ∼일 확률

5 3개의 ○, × 문제에 임의로 답할 때, 적어도 한 개 이상 맞힐 확률은?

① $\dfrac{1}{8}$ ② $\dfrac{1}{4}$ ③ $\dfrac{1}{2}$

④ $\dfrac{3}{4}$ ⑤ $\dfrac{7}{8}$

13 연속하여 뽑는 경우의 확률

6 10개의 제비 중에서 당첨제비가 2개 있다. 윤열이와 요한이가 차례로 1개씩 제비를 뽑을 때, 두 명 모두 당첨제비를 뽑을 확률은? (단, 뽑은 제비는 다시 넣지 않는다.)

① $\dfrac{1}{50}$ ② $\dfrac{1}{45}$ ③ $\dfrac{1}{25}$

④ $\dfrac{1}{20}$ ⑤ $\dfrac{1}{10}$

꼭 알아야 할 개념

	1차	2차	시험 직전
여러 가지 확률 구하기			
확률의 성질 이해하기			
확률의 계산 이해하기			

1 1부터 10까지의 자연수가 각각 적힌 10장의 카드 중 1장을 뽑을 때, 카드에 적힌 수가 소수이거나 4의 배수일 확률은?

① $\dfrac{1}{3}$ ② $\dfrac{1}{2}$ ③ $\dfrac{3}{5}$

④ $\dfrac{2}{3}$ ⑤ $\dfrac{4}{5}$

2 시진이와 모연이가 가위바위보를 할 때, 승패가 결정될 확률은?

① $\dfrac{1}{9}$ ② $\dfrac{2}{9}$ ③ $\dfrac{1}{3}$

④ $\dfrac{2}{3}$ ⑤ $\dfrac{8}{9}$

3 서로 다른 두 개의 주사위를 동시에 던질 때, 두 눈의 수의 합이 3 또는 4가 될 확률은?

① $\dfrac{1}{9}$ ② $\dfrac{1}{8}$ ③ $\dfrac{5}{36}$

④ $\dfrac{1}{6}$ ⑤ $\dfrac{2}{9}$

4 A 주머니에는 흰 공 2개, 검은 공 4개가 들어 있고, B 주머니에는 흰 공 3개, 검은 공 2개가 들어 있다. A, B 두 주머니 중 임의로 하나를 택하여 한 개의 공을 꺼낼 때, 꺼낸 공이 흰 공일 확률은?

① $\dfrac{1}{30}$ ② $\dfrac{4}{15}$ ③ $\dfrac{7}{15}$

④ $\dfrac{11}{32}$ ⑤ $\dfrac{11}{15}$

5 오른쪽 그림과 같이 8등분된 원판에 1부터 8까지의 숫자가 각각 적혀 있다. 이 원판을 두 번 돌려 멈춘 후 바늘이 가리키는 숫자를 읽을 때, 두 숫자가 모두 홀수일 확률은? (단, 바늘이 경계선을 가리키는 경우는 생각하지 않는다.)

① $\dfrac{1}{4}$ ② $\dfrac{1}{3}$ ③ $\dfrac{1}{2}$

④ $\dfrac{2}{3}$ ⑤ $\dfrac{3}{4}$

난 풀 수 있다. 고난도!!

도전 고난도

6 다음 그림과 같이 A 주머니에는 흰 공 2개, 검은 공 3개, B 주머니에는 흰 공 3개, 검은 공 1개가 들어 있다. 두 주머니에서 동시에 공을 1개씩 꺼낼 때, 서로 다른 색의 공이 나올 확률을 구하시오.

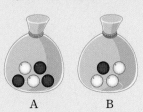

A   B

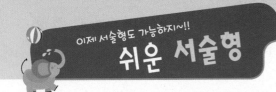
1 서로 다른 두 개의 주사위를 동시에 던질 때, 다음을 구하시오.

(1) 두 눈의 수의 합이 6이 되는 경우의 수
(2) 두 눈의 수의 합이 7이 되는 경우의 수
(3) 두 눈의 수의 합이 6 또는 7이 되는 경우의 수

 풀이

2 남학생 3명과 여학생 4명을 일렬로 세우려고 한다. 다음을 구하시오.

(1) 남학생 3명을 일렬로 세우는 경우의 수
(2) 여학생 4명을 일렬로 세우는 경우의 수
(3) 여학생은 여학생끼리 앞쪽에, 남학생은 남학생끼리 뒤쪽에 세우는 경우의 수

 풀이

3 주사위 한 개를 두 번 던져서 처음에 나오는 눈의 수를 a, 나중에 나오는 눈의 수를 b라 할 때, 다음을 구하시오.

(1) 주사위 한 개를 두 번 던질 때, 일어나는 모든 경우의 수
(2) $2a+b=9$일 경우의 수
(3) $2a+b=9$일 확률

4 어느 일기예보가 맞을 확률이 $\frac{4}{5}$일 때, 이틀간 일기예보에 대하여 다음 물음에 답하시오.

(1) 이틀 모두 일기예보가 틀릴 확률을 구하시오.
(2) 이틀 중 적어도 하루는 일기예보가 맞을 확률을 구하시오.

 풀이

MEMO

MEMO

MEMO

필독

중학 국어로 수능 잡기

✦ **필독** 중학 국어로 수능 잡기 시리즈

| 문학 | 비문학 독해 | 문법 | 교과서 시 | 교과서 소설 |

EBS

하루 한 장으로
규칙적인 수학 습관을 기르자!

한장 수학

중학 수학 2(하)

전체 단원 100% 무료 강의 제공
mid.ebs.co.kr(인터넷)

정답과 풀이

꿈을 키우는 인강

최경일 선생님

이상미 선생님

김정민 선생님

이정우 선생님

정승익 선생님

박하얀 선생님

정병욱 선생님

김청해 선생님

장동준 선생님

정유빈 선생님

김도윤 선생님

최주연 선생님

김지원 선생님

레이나 선생님

시험 대비와 실력향상을 동시에! 교과서별 맞춤 강의

EBS중학프리미엄

정답과 풀이

Ⅳ 도형의 성질

01 이등변삼각형의 성질(1)

01 5	**02** 10	**03** 4	**04** 4
05 62°	**06** 50°	**07** 70°	**08** 120°
09 115°	**10** 40°	**11** 130°	**12** 56°
13 74	**14** 113	**15** 129	**16** 42

01 $\overline{AC}=\overline{AB}=5$ cm이므로 $x=5$

02 $\overline{AB}=\overline{AC}=10$ cm이므로 $x=10$

03 $\overline{AC}=\overline{AB}=4$ cm이므로 $x=4$

04 $\overline{AC}=\overline{AB}=4$ cm이므로 $x=4$

05 $\overline{AB}=\overline{AC}$에서
$\angle C=\angle B=62°$이므로 $\angle x=62°$

06 $\overline{AB}=\overline{AC}$에서
$\angle B=\angle C=\dfrac{180°-80°}{2}=\dfrac{100°}{2}=50°$이므로
$\angle x=50°$

07 $\overline{AB}=\overline{AC}$에서 $\angle C=\angle B=55°$이므로
$\angle A=180°-2\times55°=180°-110°=70°$
$\therefore \angle x=70°$

08 $\overline{AB}=\overline{AC}$에서 $\angle B=\angle C=30°$이므로
$\angle A=180°-2\times30°=180°-60°=120°$
$\therefore \angle x=120°$

09 $\angle B=\angle ACB=\dfrac{180°-50°}{2}=\dfrac{130°}{2}=65°$이므로
$\angle x=180°-65°=115°$

10 $\angle B=\angle ACB=180°-110°=70°$이므로
$\angle x=180°-2\times70°=180°-140°=40°$

11 $\angle B=\angle ACB=\dfrac{180°-80°}{2}=\dfrac{100°}{2}=50°$이므로
$\angle x=180°-50°=130°$

12 $\angle BAC=180°-112°=68°$이므로
$\angle B=\angle C=\dfrac{180°-68°}{2}=\dfrac{112°}{2}=56°$
$\therefore \angle x=56°$

13 $\overline{AC}=\overline{AB}=6$ cm이므로 $x=6$
$\angle B=\angle C=\dfrac{180°-44°}{2}=\dfrac{136°}{2}=68°$이므로
$y=68$
$\therefore x+y=6+68=74$

14 $\overline{AC}=\overline{AB}=5$ cm이므로 $x=5$
$\angle A=180°-2\times36°=180°-72°=108°$이므로
$y=108$
$\therefore x+y=5+108=113$

15 $\overline{AB}=\overline{AC}=7$ cm이므로 $x=7$
$\angle B=\angle ACB=\dfrac{180°-64°}{2}=\dfrac{116°}{2}=58°$이므로
$\angle ACD=180°-58°=122°$
$\therefore y=122$
$\therefore x+y=7+122=129$

16 $\overline{AC}=\overline{AB}=4$ cm이므로 $x=4$
$\angle BAC=180°-76°=104°$이므로
$\angle B=\angle C=\dfrac{180°-104°}{2}=\dfrac{76°}{2}=38°$
$\therefore y=38$
$\therefore x+y=4+38=42$

02 이등변삼각형의 성질(2)

01 3	**02** 5	**03** 8	**04** 90°
05 44°	**06** 65°		

01 $\overline{CD}=\overline{BD}=3$ cm이므로 $x=3$

02 $\overline{BD}=\dfrac{1}{2}\overline{BC}=\dfrac{1}{2}\times10=5$(cm)이므로 $x=5$

03 $\overline{BC}=2\overline{BD}=2\times4=8$(cm)이므로 $x=8$

04 $\triangle ABC$는 $\overline{AB}=\overline{AC}$인 이등변삼각형이고, $\overline{AD}$는 $\angle A$의 이등분선이므로 $\overline{AD}\perp\overline{BC}$
$\therefore \angle x=90°$

05 $\triangle ABC$는 $\overline{AB}=\overline{AC}$인 이등변삼각형이고, $\overline{AD}$는 $\angle A$의 이등분선이므로 $\angle ADB=90°$
$\triangle ABD$에서 $\angle x=180°-(90°+46°)=44°$

06 $\triangle ABC$는 $\overline{BA}=\overline{BC}$인 이등변삼각형이고, $\overline{BD}$는 $\angle B$의 이등분선이므로 $\angle BDA=90°$
$\triangle ABD$에서 $\angle x=180°-(90°+25°)=65°$

03 이등변삼각형이 되는 조건

01 5	02 6	03 3	04 30
05 38	06 95	07 92	08 35

01 ∠B=∠C=68°이므로 △ABC는 $\overline{AB}=\overline{AC}$인 이등변삼각형이다.
$\overline{AC}=\overline{AB}=5$ cm이므로 $x=5$

02 삼각형의 세 내각의 크기의 합은 180°이므로
∠C=180°-(50°+65°)=65°
즉, ∠B=∠C=65°이므로 △ABC는 $\overline{AB}=\overline{AC}$인 이등변삼각형이다.
$\overline{AB}=\overline{AC}=6$ cm이므로 $x=6$

03 ∠B=∠C=56°이므로 △ABC는 $\overline{AB}=\overline{AC}$이고 ∠A가 꼭지각인 이등변삼각형이다.
$\overline{AD}$는 ∠A의 이등분선이므로 $\overline{CD}=\overline{BD}=3$ cm
∴ $x=3$

04 ∠B=∠C=60°에서
∠BAC=180°-(60°+60°)=60°이므로
△ABC는 $\overline{AB}=\overline{AC}$인 이등변삼각형이면서 정삼각형이다.
△ABD와 △ACD에서
$\overline{AB}=\overline{AC}$, ∠B=∠C, $\overline{BD}=\overline{CD}$이므로
△ABD≡△ACD (SAS 합동)
∠BAD=∠CAD=$\frac{1}{2}$∠BAC=$\frac{1}{2}$×60°=30°
∴ $x=30$

05 ∠C=180°-(120°+30°)=30°이므로 $x=30$
즉, ∠B=∠C이므로 △ABC는 $\overline{AC}=\overline{AB}=8$ cm인 이등변삼각형이다.
∴ $y=8$
∴ $x+y=30+8=38$

06 ∠B=180°-(45°+45°)=90°이므로 $x=90$
∠A=∠C=45°이므로 △ABC는 $\overline{BC}=\overline{BA}=5$ cm인 이등변삼각형이다.
∴ $y=5$
∴ $x+y=90+5=95$

07 △ABD에서 ∠ADB=180°-(20°+70°)=90°이므로
∠ADC=180°-90°=90°
∴ $x=90$
△ADC에서
∠C=180°-(20°+90°)=70°
즉, ∠B=∠C이므로 △ABC는 $\overline{AB}=\overline{AC}$인 이등변삼각형이다.
$\overline{AD}$는 ∠A의 이등분선이므로

$\overline{CD}=\overline{BD}=2$ cm ∴ $y=2$
∴ $x+y=90+2=92$

08 △ABD에서
∠BAD=180°-(90°+60°)=30°
∴ $x=30$
∠B=∠C=60°에서
∠BAC=180°-(60°+60°)=60°이므로
△ABC는 $\overline{AB}=\overline{AC}$인 이등변삼각형이면서 정삼각형이다.
∴ $\overline{BC}=\overline{AB}=10$ cm
이때 ∠CAD=180°-(90°+60°)=30°이므로
∠BAD=∠CAD
즉, $\overline{AD}$는 ∠A의 이등분선이므로
$\overline{BD}=\frac{1}{2}\overline{BC}=\frac{1}{2}×10=5$(cm)
∴ $y=5$
∴ $x+y=30+5=35$

04 이등변삼각형의 성질의 활용

01 46, 67, 67, 113	02 80°	03 36°
04 ∠EGB, ∠EGB, $\overline{FG}$, 5		05 6
06 10		

01 △ABC에서 $\overline{AB}=\overline{AC}$이므로
∠ABC=∠C=$\frac{180°-\boxed{46}°}{2}=\frac{134°}{2}=\boxed{67}°$
△BCD에서 $\overline{BC}=\overline{BD}$이므로
∠BDC=∠C=$\boxed{67}°$
∴ ∠x=180°-67°=$\boxed{113}°$

02 △ABC에서 $\overline{AB}=\overline{AC}$이므로
∠ACB=∠B=70°
∠A=180°-2×70°=40°
△DAC에서 $\overline{DA}=\overline{DC}$이므로
∠DCA=∠A=40°
∴ ∠x=∠A+∠DCA=40°+40°=80°

03 △DAB에서 $\overline{DA}=\overline{DB}$이므로
∠DBA=∠A=∠x
∴ ∠BDC=∠x+∠x=2∠x
△BCD에서 $\overline{BC}=\overline{BD}$이므로
∠C=∠BDC=2∠x
△ABC에서 $\overline{AB}=\overline{AC}$이므로
∠ABC=∠C=2∠x
즉, ∠x+2∠x+2∠x=180°
5∠x=180° ∴ ∠x=36°

04 $\overline{AD}$ // $\overline{BC}$이므로

∠FEG= $\boxed{∠EGB}$ (엇각)

∠FGE= $\boxed{∠EGB}$ (접은 각)

즉, ∠FEG=∠FGE이므로

△FEG는 $\overline{FE}=\boxed{\overline{FG}}$인 이등변삼각형이다.

∴ $\overline{FG}=\boxed{5}$ cm

05 $\overline{AD}$ // $\overline{BC}$이므로

∠FEG=∠EGB (엇각)

∠FGE=∠EGB (접은 각)

즉, ∠FEG=∠FGE이므로

△FEG는 $\overline{FE}=\overline{FG}$인 이등변삼각형이다.

∴ $\overline{FG}=6$ cm

∴ $x=6$

06 $\overline{AD}$ // $\overline{BC}$이므로

∠FEG=∠EGC (엇각)

∠FGE=∠EGC (접은 각)

즉, ∠FEG=∠FGE이므로

△FGE는 $\overline{FG}=\overline{FE}$인 이등변삼각형이다.

∴ $\overline{FE}=10$ cm

∴ $x=10$

본문 13쪽

05 직각삼각형의 합동조건(1) – RHA 합동

01 90, 5, △DEF, RHA **02** 3 cm

03 △ABC≡△EFD **04** RHA 합동

05 6 **06** △ABD≡△CBD

07 RHA 합동 **08** 5

01 △ABC와 △DEF에서

∠C=∠F= $\boxed{90}$ °

$\overline{AB}=\overline{DE}=\boxed{5}$ cm

∠B=∠E이므로

△ABC≡$\boxed{△DEF}$ ($\boxed{RHA}$ 합동)

02 $\overline{EF}=\overline{BC}=3$ cm

03~04 △ABC와 △EFD에서

∠C=∠D=90°

$\overline{AB}=\overline{EF}$

∠A=∠E이므로

△ABC≡△EFD (RHA 합동)

05 $\overline{BC}=\overline{FD}$이므로 $x=2x-6$

∴ $x=6$

06~07 △ABD와 △CBD에서

∠A=∠C=90°

$\overline{BD}$는 공통

∠ABD=∠CBD이므로

△ABD≡△CBD (RHA 합동)

08 $\overline{AB}=\overline{CB}$이므로 $x+4=14-x$

$2x=10$ ∴ $x=5$

본문 14쪽

06 직각삼각형의 합동조건(2) – RHS 합동

01 90, 10, 5, △DEF, RHS

02 60° **03** △ABC≡△DFE

04 RHS 합동 **05** 8 cm

06 △ABC≡△DBC **07** RHS 합동

08 3

01 △ABC와 △DEF에서

∠C=∠F= $\boxed{90}$ °

$\overline{AB}=\overline{DE}=\boxed{10}$ cm

$\overline{BC}=\overline{EF}=\boxed{5}$ cm이므로

△ABC≡$\boxed{△DEF}$ ($\boxed{RHS}$ 합동)

02 ∠E=∠B=180°−(90°+30°)=60°

03~04 △ABC와 △DFE에서

∠C=∠E=90°

$\overline{AB}=\overline{DF}=10$ cm

$\overline{BC}=\overline{FE}=6$ cm이므로

△ABC≡△DFE (RHS 합동)

05 $\overline{DE}=\overline{AC}=8$ cm

06~07 △ABC와 △DBC에서

∠A=∠D=90°

$\overline{BC}$는 공통

$\overline{AB}=\overline{DB}=3$이므로

△ABC≡△DBC (RHS 합동)

08 $\overline{AC}=\overline{DC}$이므로 $x+6=2x+3$

∴ $x=3$

07 직각삼각형의 합동조건의 활용

01 $\triangle DBM \equiv \triangle ECM$	**02** RHA 합동
03 6 cm	**04** $\triangle AMD \equiv \triangle CME$
05 RHS 합동	**06** $75°$
07 $x=4$, $y=67.5$	**08** $x=3$, $y=30$
09 $\triangle ABE \equiv \triangle ECD$	**10** RHA 합동
11 5 cm	**12** 3 cm	**13** 8 cm

01~02 $\triangle ABC$에서 $\overline{AB}=\overline{AC}$이므로
$\angle B=\angle C$
이때 $\triangle DBM$과 $\triangle ECM$에서
$\angle BDM=\angle CEM=90°$
$\overline{BM}=\overline{CM}$
$\angle B=\angle C$이므로
$\triangle DBM \equiv \triangle ECM$ (RHA 합동)

03 $\overline{ME}=\overline{MD}=6$ cm

04~05 점 M은 $\overline{AC}$의 중점이므로 $\overline{AM}=\overline{CM}$
이때 $\triangle AMD$와 $\triangle CME$에서
$\angle ADM=\angle CEM=90°$
$\overline{AM}=\overline{CM}$
$\overline{MD}=\overline{ME}$이므로
$\triangle AMD \equiv \triangle CME$ (RHS 합동)

06 $\angle C=\angle A=\dfrac{180°-\angle B}{2}$
$=\dfrac{180°-30°}{2}$
$=\dfrac{150°}{2}=75°$

07 $\triangle DBE$에서
$\angle DEB=180°-(90°+45°)=45°$
이므로 $\angle DEB=\angle DBE=45°$
즉, $\triangle DBE$는 $\overline{DE}=\overline{DB}=4$인 이등변삼각형이다.
또 $\triangle ADE$와 $\triangle ACE$에서
$\angle ADE=\angle ACE=90°$
$\overline{AE}$는 공통
$\angle DAE=\angle CAE$이므로
$\triangle ADE \equiv \triangle ACE$ (RHA 합동)
$\therefore x=\overline{DE}=4$
또, $y°=\dfrac{1}{2}\angle DEC$
$=\dfrac{180°-45°}{2}$
$=\dfrac{135°}{2}=67.5°$
$\therefore y=67.5$

08 $\triangle ACE$와 $\triangle ADE$에서
$\angle ACE=\angle ADE=90°$
$\overline{AE}$는 공통
$\overline{AC}=\overline{AD}$이므로
$\triangle ADE \equiv \triangle ACE$ (RHS 합동)
$\therefore x=\overline{CE}=3$
또, $\angle CAE=\angle DAE=30°$이므로
$\triangle ABC$에서 $y°=180°-(30°+30°+90°)=30°$
$\therefore y=30$

09~10 $\triangle ABE$와 $\triangle ECD$에서
$\angle ABE=\angle ECD=90°$
$\overline{AE}=\overline{ED}$
$\angle BAE=90°-\angle BEA=\angle CED$
이므로 $\triangle ABE \equiv \triangle ECD$ (RHA 합동)

11 $\overline{BE}=\overline{CD}=5$ cm

12 $\overline{EC}=\overline{AB}=3$ cm

13 $\overline{BC}=\overline{BE}+\overline{EC}=5+3=8$(cm)

핵심 반복

1 ④	**2** ①, ④	**3** 4 cm	**4** ①
5 ㄱ과 ㄹ, ㄷ과 ㅁ		**6** ③	

1 $\angle C=\angle B=44°$이므로
$\angle x=180°-2\times44°=92°$

2 이등변삼각형에서 꼭지각의 이등분선은
밑변을 수직이등분하므로
$\overline{AD}$가 $\angle A$의 이등분선이면
$\overline{BD}=\overline{CD}$, $\overline{AD}\perp\overline{BC}$이다.

3 $\angle C=180°-(75°+30°)=75°$에서 $\angle A=\angle C$이므로
$\triangle ABC$는 $\overline{BA}=\overline{BC}$인 이등변삼각형이다.
$\therefore \overline{BC}=4$ cm

4 $\triangle BCD$에서 $\overline{CB}=\overline{CD}$이므로
$\angle B=\angle BDC=180°-100°=80°$
$\triangle ABC$에서 $\overline{AB}=\overline{AC}$이므로
$\angle ACB=\angle B=80°$
$\therefore \angle A=180°-2\times80°=180°-160°=20°$

5 ㄱ과 ㄹ은 RHA 합동조건에 의하여 합동이다.
ㄷ과 ㅁ은 RHS 합동조건에 의하여 합동이다.

6 △OAP와 △OBP에서

∠PAO=∠PBO=90°

$\overline{OP}$는 공통

∠AOP=∠BOP이므로

△OAP≡△OBP (RHA 합동)

∴ $\overline{PB}=\overline{PA}=2$ cm

본문 17쪽

🐙 형성 평가

1 ④	**2** ③	**3** ③	**4** ①
5 ②	**6** 20°		

1 ∠C=∠B=∠x이므로

$2\angle x+40°+\angle x+\angle x=180°$

$4\angle x=140°$

∴ $\angle x=35°$

2 △ABC에서 $\overline{AB}=\overline{AC}$이므로

$\angle ABC=\angle C=\dfrac{180°-40°}{2}=\dfrac{140°}{2}=70°$

△DAB에서 $\overline{DA}=\overline{DB}$이므로

$\angle DBA=\angle A=40°$

∴ $\angle DBC=\angle ABC-\angle DBA=70°-40°=30°$

3 △ABC는 정삼각형이므로 ∠ACB=60°이고

$\overline{AC}=\overline{AB}=6$ cm이다.

△ACD에서

∠D+∠CAD=∠ACB

∠D+30°=60°

∴ ∠D=30°

따라서 △ACD는 $\overline{CA}=\overline{CD}$인 이등변삼각형이므로

$\overline{CD}=6$ cm

4 ②, ③, ⑤ △BCD≡△BED (RHA 합동)이므로

$\overline{BC}=\overline{BE}$, $\overline{DC}=\overline{DE}$, △DCB=△DEB

④ △AED에서

∠AED=90°, ∠A=45°이므로

∠EDA=180°−(90°+45°)=45°

① △AED에서 $\overline{AD}\ne\overline{ED}$이므로

$\overline{AD}\ne\overline{CD}$이다.

따라서 옳지 않은 것은 ①이다.

5 △CDA와 △AEB에서

∠CDA=∠AEB=90°, $\overline{CA}=\overline{AB}$

∠ACD=90°−∠CAD=∠BAE

이므로 △CDA≡△AEB (RHA 합동)

∴ $\overline{DA}=\overline{EB}=6$ cm

$\overline{AE}=\overline{DE}-\overline{DA}=10-6=4$(cm)

∴ $\overline{CD}=\overline{AE}=4$ cm

6 △ABC에서 $\overline{AB}=\overline{AC}$이므로

$\angle ABC=\angle ACB=\dfrac{180°-40°}{2}=\dfrac{140°}{2}=70°$

∴ $\angle DBC=\dfrac{1}{2}\angle ABC=\dfrac{1}{2}\times70°=35°$

또 ∠ACE=180°−70°=110°이므로

$\angle DCE=\dfrac{1}{2}\angle ACE=\dfrac{1}{2}\times110°=55°$

△DBC에서

∠DBC+∠BDC=∠DCE

35°+∠BDC=55°

∴ ∠BDC=20°

본문 18쪽

🐌 08 삼각형의 외심

01 ○	**02** ○	**03** ○	**04** ×
05 ○	**06** ×	**07** ○	**08** 3
09 5	**10** 26		

01 $\overline{OD}$는 $\overline{AB}$의 수직이등분선이므로 점 D는 $\overline{AB}$의 중점이다.

∴ $\overline{AD}=\overline{BD}$

02 $\overline{OE}$는 $\overline{BC}$의 수직이등분선이므로 점 E는 $\overline{BC}$의 중점이다.

∴ $\overline{BE}=\overline{CE}$

03 삼각형의 외심에서 세 꼭짓점에 이르는 거리는 같으므로

$\overline{OA}=\overline{OB}$이다.

참고1 △OAD와 △OBD에서

$\overline{AD}=\overline{BD}$, ∠ODA=∠ODB=90°, $\overline{OD}$는 공통이므로

△OAD≡△OBD (SAS 합동)

∴ $\overline{OA}=\overline{OB}$

참고2 점 O는 $\overline{AB}$의 수직이등분선 위의 점이므로

$\overline{OA}=\overline{OB}$이다.

05 △OBC는 $\overline{OB}=\overline{OC}$인 이등변삼각형이므로

∠OBC=∠OCB

07 △OAF와 △OCF에서

$\overline{AF}=\overline{CF}$, ∠OFA=∠OFC=90°, $\overline{OF}$는 공통

이므로 △OAF≡△OCF (SAS 합동)

08 $\overline{OD}$는 $\overline{AB}$의 수직이등분선이므로 점 D는 $\overline{AB}$의 중점이다.

즉, $\overline{BD}=\overline{AD}=3$ cm이다.

∴ $x=3$

09 삼각형 ABC의 외심 O에서 세 꼭짓점에 이르는 거리는 같으므로
$$\overline{OC}=\overline{OB}=5 \text{ cm}$$
$$\therefore x=5$$

10 △OCA는 $\overline{OC}=\overline{OA}$인 이등변삼각형이므로
$$\angle OCA=\angle OAC=26°$$
$$\therefore x=26$$

본문 19쪽

09 삼각형의 외심의 활용

01 32°	**02** 35°	**03** 30°	**04** 130°
05 55°	**06** 100°		

01 $30°+28°+\angle x=90°$
$$\therefore \angle x=90°-58°=32°$$

02 $\angle x+35°+20°=90°$
$$\therefore \angle x=90°-55°=35°$$

03 $22°+\angle x+38°=90°$
$$\therefore \angle x=90°-60°=30°$$

04 $\angle x=2\angle A=2\times65°=130°$

05 $\angle x=\dfrac{1}{2}\angle AOB=\dfrac{1}{2}\times110°=55°$

06 $\angle OAB=\angle OBA=20°$, $\angle OAC=\angle OCA=30°$이므로
$$\angle BAC=\angle OAB+\angle OAC=20°+30°=50°$$
$$\therefore \angle x=2\angle BAC=2\times50°=100°$$

본문 20쪽

10 삼각형의 내심

01 m	**02** l	**03** T	**04** 90
05 ○	**06** ×	**07** ×	**08** ○
09 ×	**10** ○	**11** ×	**12** 30
13 24	**14** 6	**15** 4	

01 직선 m은 원 O와 두 점에서 만나므로 원 O의 할선이다.

02 직선 l은 원 O와 한 점에서 만나므로 원 O의 접선이다.

03 접선 l이 원 O와 만나는 점 T를 접점이라고 한다.

04 $\overline{OT}\perp l$이므로 $\overline{OT}$와 직선 l이 이루는 각의 크기는 90°이다.

05 △IAD와 △IAF에서
$$\angle IDA=\angle IFA=90°$$
$$\overline{AI}는 공통$$
$$\angle IAD=\angle IAF이므로$$
$$\triangle IAD\equiv\triangle IAF \text{ (RHA 합동)}$$
$$\therefore \overline{AD}=\overline{AF}$$

08 삼각형의 내심에서 세 변에 이르는 거리는 같으므로 $\overline{IE}=\overline{IF}$이다.

10 $\overline{AI}$는 $\angle BAC$의 이등분선이므로
$$\angle IAD=\angle IAF$$

12 $\overline{AI}$는 $\angle BAC$의 이등분선이므로
$$\angle IAC=\angle IAB=30°$$
$$\therefore x=30$$

13 $\overline{CI}$는 $\angle BCA$의 이등분선이므로
$$\angle ICB=\angle ICA=24°$$
$$\therefore x=24$$

14 △ICE와 △ICF에서
$$\angle IEC=\angle IFC=90°$$
$$\overline{CI}는 공통$$
$$\angle ICE=\angle ICF이므로$$
$$\triangle ICE\equiv\triangle ICF \text{ (RHA 합동)}$$
$$\therefore \overline{CF}=\overline{CE}=6 \text{ cm}$$
$$\therefore x=6$$

15 점 B와 점 I를 연결하는 $\overline{BI}$를 그으면
△IDB와 △IEB에서
$$\angle IDB=\angle IEB=90°$$
$$\overline{BI}는 공통$$
$$\angle IBD=\angle IBE이므로$$
$$\triangle IDB\equiv\triangle IEB \text{ (RHA 합동)}$$
$$\therefore \overline{BE}=\overline{BD}=4 \text{ cm}$$
$$\therefore x=4$$

본문 21쪽

11 삼각형의 내심의 활용

01 35°	**02** 40°	**03** 24°	**04** 125°
05 44°	**06** 114°	**07** 80°	

01 $30°+25°+\angle x=90°$
$$\therefore \angle x=90°-55°=35°$$

02 $\angle x + 22° + 28° = 90°$

$\therefore \angle x = 90° - 50° = 40°$

03 $41° + \angle x + 25° = 90°$

$\therefore \angle x = 90° - 66° = 24°$

04 $\angle x = 90° + \dfrac{1}{2} \times 70°$

$= 90° + 35° = 125°$

05 $112° = 90° + \dfrac{1}{2}\angle x$이므로

$\dfrac{1}{2}\angle x = 22°$

$\therefore \angle x = 44°$

06 $\angle ICB = \angle ICA = 24°$이므로

$\angle BCA = 24° \times 2 = 48°$

$\therefore \angle x = 90° + \dfrac{1}{2} \times 48°$

$= 90° + 24° = 114°$

07 △IBC에서

$\angle BIC = 180° - (30° + 20°) = 130°$

$130° = 90° + \dfrac{1}{2}\angle x$이므로

$\dfrac{1}{2}\angle x = 40°$

$\therefore \angle x = 80°$

🐳 핵심 반복
본문 22쪽

1 ⑤	**2** ②	**3** ③	**4** ③
5 ③	**6** ④		

1 삼각형의 외심은 세 변의 수직이등분선의 교점이므로 삼각형의
외심을 나타내는 것은 ⑤이다.

2 △OAB의 둘레의 길이가 14 cm이므로
$6 + \overline{OA} + \overline{OB} = 14$
$\therefore \overline{OA} + \overline{OB} = 14 - 6 = 8(cm)$
한편 점 O는 △ABC의 외심이므로 $\overline{OA} = \overline{OB} = \overline{OC}$이다.
$\therefore \overline{OC} = \overline{OA} = \overline{OB} = 4$ cm

3 $35° + 30° + \angle x = 90°$
$\therefore \angle x = 90° - 65° = 25°$

4 $2\angle A = 100°$이므로
$\angle A = 50°$

---

5 $\overline{IF} = \overline{IE} = 3$ cm

6 $\angle BIC = 90° + \dfrac{1}{2} \times 40°$

$= 90° + 20° = 110°$

🐙 형성 평가
본문 23쪽

1 ④	**2** ②	**3** ③	**4** ④
5 ⑤	**6** 19 cm		

1 $\overline{OA} = \overline{OB} = \overline{OC} = \dfrac{1}{3} \times 12 = 4(cm)$
이므로 △ABC의 외접원의 반지름의 길이는 4 cm이다.
따라서 △ABC의 외접원의 둘레의 길이는
$2\pi \times 4 = 8\pi(cm)$

2 △OAB는 $\overline{OA} = \overline{OB}$인 이등변삼각형이므로
$\angle x = \dfrac{180° - 130°}{2} = \dfrac{50°}{2} = 25°$

3 $\overline{OC} = \overline{OA} = \overline{OB} = \dfrac{1}{2}\overline{AB} = \dfrac{1}{2} \times 10 = 5(cm)$

4 △OBC에서 $\overline{OB} = \overline{OC}$이므로
$\angle OBC = \angle OCB = \dfrac{180° - 160°}{2} = \dfrac{20°}{2} = 10°$
따라서 $\angle x + 10° + 36° = 90°$이므로
$\angle x = 90° - 46° = 44°$

5 $\angle IBC = \angle IBA = 30°$, $\angle ICB = \angle ICA = 20°$이므로
△IBC에서
$\angle BIC = 180° - (30° + 20°) = 130°$

6 점 I가 △ABC의 내심이므로
$\angle IBD = \angle IBC$, $\angle ICE = \angle ICB$
한편 $\overline{DE} /\!/ \overline{BC}$이므로
$\angle DIB = \angle IBC$ (엇각),
$\angle EIC = \angle ICB$ (엇각)
$\therefore \angle IBD = \angle DIB$,
$\angle ICE = \angle EIC$

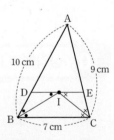

따라서 △DBI는 $\overline{DB} = \overline{DI}$인 이등변삼각형이고, △EIC는
$\overline{EC} = \overline{EI}$인 이등변삼각형이므로
(△ADE의 둘레의 길이) $= \overline{AD} + \overline{DE} + \overline{AE}$
$= \overline{AD} + (\overline{DI} + \overline{EI}) + \overline{AE}$
$= \overline{AD} + \overline{DB} + \overline{EC} + \overline{AE}$
$= \overline{AB} + \overline{AC}$
$= 10 + 9$
$= 19(cm)$

12 평행사변형의 뜻

01 $\angle x=25°$, $\angle y=45°$ **02** $\angle x=30°$, $\angle y=40°$
03 $\angle x=52°$, $\angle y=60°$ **04** $\angle x=65°$, $\angle y=70°$
05 $107°$ **06** $54°$ **07** $25°$ **08** $65°$

01 $\overline{AD}/\!/\overline{BC}$이므로 $\angle x=\angle ADB=25°$
$\angle y=\angle ACB=45°$

02 $\overline{AD}/\!/\overline{BC}$이므로 $\angle x=\angle ADB=30°$
$\overline{AB}/\!/\overline{DC}$이므로 $\angle y=\angle ABD=40°$

03 $\overline{AD}/\!/\overline{BC}$이므로 $\angle x=\angle DAC=52°$
$\overline{AB}/\!/\overline{DC}$이므로 $\angle y=\angle ACD=60°$

04 $\overline{AD}/\!/\overline{BC}$이므로 $\angle x=\angle ACB=65°$
$\overline{AB}/\!/\overline{DC}$이므로 $\angle y=\angle BAC=70°$

05 $\overline{AD}/\!/\overline{BC}$이므로 $\angle ACB=\angle DAC=40°$
$\triangle OBC$에서
$\angle x=180°-(33°+40°)=107°$

06 $\overline{AD}/\!/\overline{BC}$이므로 $\angle BCA=\angle DAC=26°$
$\triangle OBC$에서
$\angle x=180°-(100°+26°)=54°$

07 $\overline{AD}/\!/\overline{BC}$이므로 $\angle CAD=\angle ACB=50°$
$\triangle AOD$에서
$\angle x+50°=75°$
$\therefore \angle x=25°$

08 $\overline{AD}/\!/\overline{BC}$이므로 $\angle CAD=\angle ACB=65°$
$\triangle ACD$에서
$\angle ACD=180°-(65°+50°)=65°$
$\overline{AB}/\!/\overline{DC}$이므로 $\angle x=\angle ACD=65°$

13 평행사변형의 성질(1)

01 $x=5$, $y=6$ **02** $x=8$, $y=12$
03 $x=10$, $y=3$ **04** $65°$ **05** $110°$
06 $90°$ **07** $45°$

01 $\overline{DC}=\overline{AB}=5$ cm이므로 $x=5$
$\overline{BC}=\overline{AD}=6$ cm이므로 $y=6$

02 $\overline{AB}=\overline{DC}$이므로
$x+2=10$ $\therefore x=8$
$\overline{AD}=\overline{BC}$이므로
$y-1=11$ $\therefore y=12$

03 $\overline{AD}=\overline{BC}$이므로
$2x-10=x$ $\therefore x=10$
$\overline{AB}=\overline{DC}$이므로
$3y-1=y+5$, $2y=6$ $\therefore y=3$

04 $\angle x=\angle B=65°$

05 평행사변형에서 이웃하는 두 내각의 크기의 합은 $180°$이므로
$\angle x+70°=180°$ $\therefore \angle x=110°$
참고 $\angle A=\angle C$, $\angle B=\angle D$이므로
$\angle A+\angle B+\angle C+\angle D=2\angle A+2\angle B=360°$
$2(\angle x+70°)=360°$, $\angle x+70°=180°$
$\therefore \angle x=110°$

06 $\angle ABC+\angle C=180°$이므로
$\angle x+40°+50°=180°$
$\therefore \angle x=180°-90°=90°$

07 $\angle C=\angle A=105°$이므로
$\triangle BCD$에서
$\angle x=180°-(105°+30°)=45°$

14 평행사변형의 성질(2)

01 $x=3$, $y=4$ **02** $x=5$, $y=4$
03 $x=12$, $y=8$ **04** $x=7$, $y=5$
05 ○ **06** × **07** ○ **08** ○
09 ○ **10** × **11** ○

01 $\overline{OC}=\overline{OA}=3$ cm이므로 $x=3$
$\overline{OB}=\overline{OD}=4$ cm이므로 $y=4$

02 $\overline{OD}=\overline{OB}=\frac{1}{2}\overline{BD}=\frac{1}{2}\times 10=5(\text{cm})$이므로 $x=5$
$\overline{OA}=\overline{OC}=4$ cm이므로 $y=4$

03 $\overline{BD}=2\overline{OB}=2\times 6=12(\text{cm})$이므로 $x=12$
$\overline{AC}=2\overline{OC}=2\times 4=8(\text{cm})$이므로 $y=8$

04 $\overline{OD}=\frac{1}{2}\overline{BD}=\frac{1}{2}\times 14=7(\text{cm})$이므로 $x=7$
$\overline{OC}=\frac{1}{2}\overline{AC}=\frac{1}{2}\times 10=5(\text{cm})$이므로 $y=5$

05~06 평행사변형에서 대변의 길이는 같으므로
$$\overline{AB}=\overline{DC},\ \overline{BC}=\overline{AD}$$

07 평행사변형에서 대각의 크기는 같으므로
$$\angle BAD=\angle BCD$$

08 평행사변형에서 이웃하는 두 내각의 크기의 합은 180°이므로
$$\angle BCD+\angle CDA=180°$$

09~10 평행사변형에서 두 대각선은 서로 다른 것을 이등분하므로
$$\overline{OA}=\overline{OC},\ \overline{OB}=\overline{OD}$$

11 △AOB와 △COD에서
$\overline{OA}=\overline{OC},\ \overline{OB}=\overline{OD},\ \angle AOB=\angle COD$(맞꼭지각)이므로
△AOB≡△COD (SAS 합동)

본문 27쪽

15 평행사변형이 되는 조건

01 ○	**02** ○	**03** ○	**04** ○
05 ×	**06** ○	**07** $x=40,\ y=30$	
08 $x=6,\ y=5$		**09** $x=80,\ y=100$	
10 $x=3,\ y=2$		**11** $x=40,\ y=5$	

05 오른쪽 그림과 같이
$\angle A=\angle D=120°$,
$\angle B=\angle C=60°$
인 □ABCD는 평행사변형이
아니다.

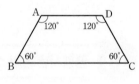

07 $\overline{AD}/\!\!/\overline{BC}$이므로 $\angle ACB=\angle CAD=40°$
$\therefore x=40$
$\overline{AB}/\!\!/\overline{DC}$이므로 $\angle BDC=\angle ABD=30°$
$\therefore y=30$

08 $\overline{BC}=\overline{AD}=6\ \text{cm}$이므로 $x=6$
$\overline{DC}=\overline{AB}=5\ \text{cm}$이므로 $y=5$

09 $\angle D=\angle B=80°$ $\therefore x=80$
$\angle A+\angle B=180°$이므로 $\angle A+80°=180°$
$\therefore \angle A=100°$
$\therefore y=100$

10 $\overline{OD}=\overline{OB}=3\ \text{cm}$이므로 $x=3$
$\overline{OC}=\overline{OA}=2\ \text{cm}$이므로 $y=2$

11 $\overline{AB}/\!\!/\overline{DC}$이므로 $\angle DCA=\angle BAC=40°$

$$\therefore x=40$$
$$\overline{DC}=\overline{AB}=5\ \text{cm} \qquad \therefore y=5$$

본문 28쪽

16 평행사변형의 성질을 이용하여 넓이 구하기

01 30 cm²	**02** 30 cm²	**03** 15 cm²	**04** 30 cm²
05 30 cm²	**06** 45 cm²	**07** 20 cm²	**08** 20 cm²
09 22 cm²	**10** 10 cm²	**11** 46 cm²	**12** 32 cm²
13 12 cm²	**14** 20 cm²		

01 $\triangle ABC=\dfrac{1}{2}\square ABCD=\dfrac{1}{2}\times 60=30(\text{cm}^2)$

02 $\triangle BCD=\dfrac{1}{2}\square ABCD=\dfrac{1}{2}\times 60=30(\text{cm}^2)$

03 $\triangle OAD=\dfrac{1}{4}\square ABCD=\dfrac{1}{4}\times 60=15(\text{cm}^2)$

04 $\triangle OAB=\triangle OBC=\triangle OCD=\triangle ODA$
$\qquad =\dfrac{1}{4}\square ABCD$
$\qquad =\dfrac{1}{4}\times 60=15(\text{cm}^2)$
$\therefore \triangle OAB+\triangle OCD=15+15=30(\text{cm}^2)$

05 $\triangle OAD+\triangle OBC=15+15=30(\text{cm}^2)$

06 $\triangle OAB+\triangle OCD+\triangle ODA=15+15+15$
$\qquad\qquad\qquad\qquad\qquad\quad =45(\text{cm}^2)$

07 $\triangle PAB+\triangle PCD=\dfrac{1}{2}\square ABCD$
$\qquad\qquad\qquad\quad =\dfrac{1}{2}\times 40=20(\text{cm}^2)$

08 $\triangle PAD+\triangle PBC=\dfrac{1}{2}\square ABCD$
$\qquad\qquad\qquad\quad =\dfrac{1}{2}\times 40=20(\text{cm}^2)$

09 $\triangle PAB+\triangle PCD=\dfrac{1}{2}\square ABCD$
$\qquad\qquad\qquad\quad =\dfrac{1}{2}\times 64=32(\text{cm}^2)$
이므로
$10+\triangle PCD=32$
$\therefore \triangle PCD=22\ \text{cm}^2$

10 $\triangle PAD+\triangle PBC=\dfrac{1}{2}\square ABCD$
$\qquad\qquad\qquad\quad =\dfrac{1}{2}\times 50=25(\text{cm}^2)$

이므로

$\triangle PAD+15=25$

$\therefore \triangle PAD=10 \ cm^2$

11 $\square ABCD=2\times(\triangle PAB+\triangle PCD)$

$\qquad =2\times 23$

$\qquad =46(cm^2)$

12 $\square ABCD=2\times(\triangle PAD+\triangle PBC)$

$\qquad =2\times 16$

$\qquad =32(cm^2)$

13 $\square ABCD=6\times 4=24(cm^2)$이므로

$\triangle PAB+\triangle PCD=\dfrac{1}{2}\square ABCD$

$\qquad\qquad\qquad =\dfrac{1}{2}\times 24$

$\qquad\qquad\qquad =12(cm^2)$

14 $\square ABCD=8\times 5=40(cm^2)$이므로

$\triangle PAD+\triangle PBC=\dfrac{1}{2}\square ABCD$

$\qquad\qquad\qquad =\dfrac{1}{2}\times 40$

$\qquad\qquad\qquad =20(cm^2)$

핵심 반복

본문 30쪽

1 ④	**2** ⑤	**3** ③	**4** ③
5 ①	**6** ③		

1 $\overline{BC}=\overline{AD}=10$이므로 $x=10$

$\overline{DC}=\overline{AB}=7$이므로 $y=7$

$\therefore x+y=10+7=17$

2 $\angle D=\angle B=80°$이므로

$\triangle ACD$에서

$\angle ACD=180°-(40°+80°)=60°$

3 $\angle A+\angle B=180°$이므로

$116°+\angle x=180°$ $\therefore \angle x=64°$

$\overline{AB}/\!/\overline{DC}$이므로

$\angle y=\angle B=64°$ (동위각)

$\therefore \angle x+\angle y=64°+64°=128°$

4 $\overline{AB}=\overline{CD}=5 \ cm$

$\overline{OA}=\dfrac{1}{2}\overline{AC}=\dfrac{1}{2}\times 6=3(cm)$

$\overline{OB}=\dfrac{1}{2}\overline{BD}=\dfrac{1}{2}\times 8=4(cm)$

$\therefore (\triangle OAB$의 둘레의 길이$)=\overline{OA}+\overline{AB}+\overline{OB}$

$\qquad\qquad\qquad\qquad =3+5+4$

$\qquad\qquad\qquad\qquad =12(cm)$

5 ① $\angle A=\angle C=100°$이고

$\angle D=360°-(100°+80°+100°)$

$\qquad =360°-280°=80°=\angle B$

따라서 $\square ABCD$는 두 쌍의 대각의 크기가 각각 같으므로 평행사변형이다.

6 $\square ABCD=4\times\triangle AOB$

$\qquad\qquad =4\times 10$

$\qquad\qquad =40(cm^2)$

형성 평가

본문 31쪽

1 26	**2** ①	**3** 8 cm	**4** ③
5 ②	**6** 평행사변형		

1 $\overline{AD}=\overline{BC}$이므로

$4x=2x+10, \ 2x=10$ $\therefore x=5$

$\overline{AO}=3\times 5-2=13$이므로

$\overline{AC}=2\overline{AO}$

$\qquad =2\times 13=26$

2 $\angle A+\angle D=180°$이고 $\angle A:\angle D=2:1$이므로

$\angle D=\dfrac{1}{3}\times 180°=60°$

$\therefore \angle B=\angle D=60°$

3 $\triangle ABE$와 $\triangle FCE$에서

$\angle AEB=\angle FEC$ (맞꼭지각)

$\overline{BE}=\overline{CE}$

$\angle ABE=\angle FCE$ (엇각)이므로

$\triangle ABE\equiv\triangle FCE$ (ASA 합동)

$\therefore \overline{CF}=\overline{AB}=8 \ cm$

4 $\overline{AE}$가 $\angle A$의 이등분선이므로

$\angle BAE=\angle DAE$

$\overline{AD}/\!/\overline{BC}$이므로

$\angle DAE=\angle AEB$ (엇각)

$\therefore \angle BAE=\angle AEB$

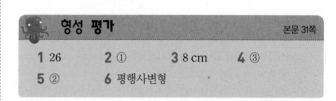

즉, $\triangle ABE$는 $\overline{BA}=\overline{BE}$인 이등변삼각형이므로

$\overline{BE}=\overline{BA}=4 \ cm$이고

$\overline{BC}=\overline{AD}=6 \ cm$이므로

$\overline{EC}=\overline{BC}-\overline{BE}=6-4=2(cm)$

5 $\triangle OAE$와 $\triangle OCF$에서

$\overline{OA}=\overline{OC}$

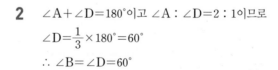

정답과 풀이 **11**

$\overline{AD} /\!/ \overline{BC}$이므로 ∠OAE=∠OCF (엇각)

∠AOE=∠COF (맞꼭지각)

∴ △AOE≡△COF (ASA 합동)

∴ △AOE+△BOF=△COF+△BOF

$\qquad\qquad\qquad\quad =\triangle OBC$

$\qquad\qquad\qquad\quad =\dfrac{1}{4}\square ABCD$

$\qquad\qquad\qquad\quad =\dfrac{1}{4}\times 36=9(cm^2)$

6 $\overline{BE}$, $\overline{DF}$는 각각 ∠B, ∠D의 이등분선이므로

∠ABE=∠EBF, ∠EDF=∠CDF

오른쪽 그림에서 $\overline{AD} /\!/ \overline{BC}$이므로

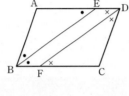

∠AEB=∠EBF (엇각)

△ABE에서

∠ABE=∠AEB이므로

$\overline{AB}=\overline{AE}$

또한 ∠CFD=∠EDF (엇각)

△CDF에서 ∠CDF=∠CFD이므로 $\overline{CD}=\overline{CF}$

이때 $\overline{AB}=\overline{DC}$이므로 $\overline{AE}=\overline{CF}$

∴ $\overline{ED}=\overline{AD}-\overline{AE}=\overline{BC}-\overline{CF}=\overline{BF}$

□ABCD가 평행사변형이므로 $\overline{ED} /\!/ \overline{BF}$

따라서 □EBFD는 $\overline{ED} /\!/ \overline{BF}$, $\overline{ED}=\overline{BF}$이므로 평행사변형이다.

---

17 직사각형의 뜻과 성질

01 90	**02** 60	**03** 6	**04** 4
05 60	**06** 25	**07** 64	**08** 35

01 ∠A=90°이므로 $x=90$

02 ∠D=90°이므로 △ACD에서

∠ACD=180°-(90°+30°)=60°

∴ $x=60$

03 $\overline{BD}=\overline{AC}=2\overline{OA}=2\times3=6(cm)$

∴ $x=6$

04 직사각형은 평행사변형이므로

$\overline{DC}=\overline{AB}=4$ cm   ∴ $x=4$

05 △OAB는 $\overline{OA}=\overline{OB}$인 이등변삼각형이므로

∠OBA=∠OAB=60°

∴ $x=60$

---

06 ∠B=90°이므로 ∠OBC=90°-65°=25°

△OBC는 $\overline{OB}=\overline{OC}$인 이등변삼각형이므로

∠OCB=∠OBC=25°

∴ $x=25$

07 △OBC는 $\overline{OB}=\overline{OC}$인 이등변삼각형이므로

∠OCB=∠OBC=32°

△OBC에서

∠COD=∠OBC+∠OCB

$\qquad\quad =32°+32°=64°$

∴ $x=64$

08 ∠COD=180°-110°=70°이므로

△OBC에서

∠OBC+∠OCB=70°

∠OBC=∠OCB이므로

2∠OBC=70°

∴ ∠OBC=35°

∴ $x=35$

---

18 평행사변형이 직사각형이 되는 조건

01 ×	**02** ○	**03** ○	**04** ○
05 ×	**06** 90	**07** 7	**08** 45
09 4	**10** 40		

02 평행사변형 ABCD에서 $\overline{AC}=\overline{BD}$이면 두 대각선의 길이가 같으므로 직사각형이다.

참고 평행사변형 ABCD에서 $\overline{AC}=\overline{BD}$이면

△ABC와 △DCB에서

$\overline{AB}=\overline{DC}$

$\overline{BC}$는 공통

$\overline{AC}=\overline{DB}$이므로

△ABC≡△DCB (SSS 합동)

∴ ∠ABC=∠DCB   ······ ㉠

평행사변형에서 이웃한 두 내각의 크기의 합은 180°이므로

∠ABC+∠DCB=180°   ······ ㉡

㉠, ㉡에서 ∠ABC=∠DCB=90°

한편 평행사변형은 두 쌍의 대각의 크기가 각각 같으므로

∠BAD=∠ABC=∠DCB=∠ADC=90°

즉, $\overline{AC}=\overline{BD}$인 평행사변형 ABCD는 직사각형이다.

03 $\overline{OA}=\overline{OD}$이면 $\overline{AC}=2\overline{OA}$, $\overline{BD}=2\overline{OD}$이므로 $\overline{AC}=\overline{BD}$이다.

즉, 두 대각선의 길이가 같은 평행사변형 ABCD는 직사각형이다.

12 EBS 한 장 수학 2 (하)

04 평행사변형 ABCD에서 ∠ABC=90°이면 한 내각의 크기가 90°이므로 직사각형이다.

06 평행사변형 ABCD가 직사각형이 되려면 ∠B=90°이어야 하므로
$x=90$

07 평행사변형 ABCD가 직사각형이 되려면 $\overline{BD}=\overline{AC}=7$ cm 이어야 하므로
$x=7$

08 평행사변형 ABCD가 직사각형이 되려면 ∠D=90°이어야 하므로
∠CDB+45°=90° ∴ ∠CDB=45°
∴ $x=45$

09 평행사변형 ABCD가 직사각형이 되려면 $\overline{AC}=\overline{BD}$이어야 하므로
$\overline{OA}=\dfrac{1}{2}\overline{AC}=\dfrac{1}{2}\overline{BD}=\overline{OD}$
$\overline{OD}=\overline{OA}=4$ cm
∴ $x=4$

10 평행사변형 ABCD가 직사각형이 되려면 ∠B=90°이어야 하므로
△ABC에서
∠BCA=180°−(90°+50°)=40°
∴ $x=40$

19 마름모의 뜻과 성질
본문 34쪽

01 5	**02** 25	**03** 64	**04** 90
05 80	**06** 3	**07** 35	**08** 26

01 $\overline{BC}=\overline{AB}=5$ cm이므로 $x=5$

02 △ABD에서 $\overline{AB}=\overline{AD}$이므로
$∠ADB=∠ABD=\dfrac{180°−130°}{2}=\dfrac{50°}{2}=25°$
∴ $x=25$

03 △BCA에서 $\overline{BC}=\overline{BA}$이므로
∠BCA=∠BAC=58°
∠B=180°−2×58°=180°−116°=64°
∴ $x=64$

04 $\overline{AC}\perp\overline{BD}$이므로 ∠AOD=90°
∴ $x=90$

05 마름모는 평행사변형이므로
∠A+∠B=180°
100°+∠B=180° ∴ ∠B=80°
∴ $x=80$

06 $\overline{OC}=\overline{OA}=3$ cm이므로 $x=3$

07 $\overline{AB}/\!/\overline{DC}$이므로 ∠CDB=∠ABD=35° (엇각)
∴ $x=35$

08 △BCA는 $\overline{BA}=\overline{BC}$인 이등변삼각형이므로
∠BCA=∠BAC=64°
$\overline{AC}\perp\overline{BD}$이므로 ∠BOC=90°
△BOC에서 ∠CBO=180°−(90°+64°)=26°
∴ $x=26$

20 평행사변형이 마름모가 되는 조건
본문 35쪽

01 ×	**02** ×	**03** ○	**04** ×
05 ○	**06** 4	**07** 90	**08** 55
09 100	**10** 40		

03 평행사변형 ABCD에서 $\overline{AB}=\overline{AD}$이면 이웃하는 두 변의 길이가 같으므로 마름모이다.

05 평행사변형 ABCD에서 $\overline{OA}\perp\overline{BD}$이면 두 대각선이 서로 수직이므로 마름모이다.

06 평행사변형 ABCD가 마름모가 되려면 $\overline{BC}=\overline{AB}=4$ cm이어야 하므로
$x=4$

07 평행사변형 ABCD가 마름모가 되려면 $\overline{AC}\perp\overline{BD}$이어야 하므로
∠AOD=90° ∴ $x=90$

08 평행사변형 ABCD가 마름모가 되려면
△ABC에서 $\overline{BA}=\overline{BC}$이어야 하므로
∠BCA=∠BAC=55°
∴ $x=55$

09 평행사변형 ABCD가 마름모가 되려면
△DAC에서 $\overline{DA}=\overline{DC}$이어야 하므로
∠DCA=∠DAC=40°
∴ ∠D=180°−2×40°=180°−80°=100°
∴ $x=100$

10 평행사변형 ABCD가 마름모가 되려면 $\overline{AC}\perp\overline{BD}$이어야 하

므로 ∠BOC=90°
또, $\overline{AB}=\overline{BC}$이어야 하므로
∠BCA=∠BAC=90°−40°=50°
△BOC에서
∠OBC=180°−(90°+50°)=40°
∴ $x=40$

본문 36쪽
21 정사각형의 뜻과 성질

01 5	**02** 90	**03** 6	**04** 14
05 90°	**06** 45°	**07** 115°	**08** 60°

01 $\overline{CD}=\overline{AD}=5$ cm이므로 $x=5$

02 ∠A=90°이므로 $x=90$

03 $\overline{OA}=\overline{OB}=6$ cm이므로 $x=6$

04 $\overline{BD}=\overline{AC}=2\overline{OC}=2\times7=14$(cm)
∴ $x=14$

05 ∠AOD=90°이므로 ∠x=90°

06 △OBC에서 ∠BOC=90°, $\overline{OB}=\overline{OC}$이므로
∠OBC=∠OCB=$\dfrac{180°-90°}{2}=\dfrac{90°}{2}=45°$
∴ ∠x=45°

07 △ABP에서
∠BAP=20°, ∠ABP=45°이므로
∠x=180°−(20°+45°)=115°

08 △ABP에서
∠ABP=15°, ∠BAP=45°이므로
∠BPC=15°+45°=60°
∴ ∠x=60°

본문 37쪽
22 정사각형이 되는 조건

01 $x=90, y=90$		**02** $x=90, y=3$	
03 $x=90, y=6$		**04** $x=5, y=90$	
05 4	**06** 90	**07** 45	**08** 10

01 평행사변형 ABCD가 정사각형이 되려면
∠BAD=90° (직사각형이 되는 조건)

$\overline{AC}\perp\overline{BD}$ (마름모가 되는 조건)를 만족해야 하므로
$x=90, y=90$

02 평행사변형 ABCD가 정사각형이 되려면
∠B=90° (직사각형이 되는 조건)
$\overline{BC}=\overline{AB}=3$ cm (마름모가 되는 조건)를 만족해야 하므로
$x=90, y=3$

03 평행사변형 ABCD가 정사각형이 되려면
∠COD=90° (마름모가 되는 조건)
$\overline{BD}=\overline{AC}=6$ cm (직사각형이 되는 조건)를 만족해야 하므로
$x=90, y=6$

04 평행사변형 ABCD가 정사각형이 되려면
$\overline{AC}=\overline{BD}$ (직사각형이 되는 조건)
$\overline{AC}\perp\overline{BD}$ (마름모가 되는 조건)를 만족해야 한다.
$\overline{OB}=\dfrac{1}{2}\overline{BD}=\dfrac{1}{2}\overline{AC}=\overline{OA}=5$ cm이므로 $x=5$
∠DOC=90°이므로 $y=90$

05 직사각형 ABCD가 정사각형이 되려면 $\overline{AB}=\overline{BC}$이어야 하므로
$\overline{BC}=\overline{AB}=4$ cm
∴ $x=4$

06 직사각형 ABCD가 정사각형이 되려면 $\overline{AC}\perp\overline{BD}$이어야 하므로
∠DOC=90°
∴ $x=90$

07 마름모 ABCD가 정사각형이 되려면 ∠B=90°
△BAC에서 ∠B=90°, $\overline{BA}=\overline{BC}$이므로
∠BAC=∠BCA=$\dfrac{180°-90°}{2}=\dfrac{90°}{2}=45°$
∴ $x=45$

08 마름모 ABCD가 정사각형이 되려면 $\overline{AC}=\overline{BD}$이어야 하므로
$\overline{BD}=\overline{AC}=2\overline{OA}=2\times5=10$(cm)
∴ $x=10$

본문 38쪽
23 여러 가지 사각형의 대각선의 성질

01 ×	**02** ○	**03** ○	**04** ×
05 ○	**06** ○	**07** ㄱ, ㄴ, ㄷ, ㄹ	
08 ㄴ, ㄹ	**09** ㄷ, ㄹ	**10** ×	**11** ○
12 ○	**13** ×	**14** ○	**15** =, =
16 ⊥	**17** =	**18** =	**19** ⊥

01 평행사변형은 두 대각선의 길이가 같지 않을 수도 있다.

02 직사각형은 평행사변형이므로 두 대각선이 서로 다른 것을 이등분한다.

04 두 대각선이 서로 수직인 평행사변형은 마름모이다.

07 두 대각선이 서로 다른 것을 이등분하는 사각형은 평행사변형이다. 직사각형, 마름모, 정사각형도 평행사변형이므로 두 대각선이 서로 다른 것을 이등분한다.

12 직사각형은 두 대각선의 길이가 서로 같고, 서로 다른 것을 이등분한다.

13 마름모는 두 대각선이 서로 다른 것을 수직이등분하므로 $\overline{OA}=\overline{OC}$, $\overline{OB}=\overline{OD}$이고, $\angle AOD=90°$이다.

14 정사각형은 두 대각선의 길이가 서로 같고, 서로 다른 것을 수직이등분한다.

---

24 여러 가지 사각형의 관계
본문 40쪽

01 ○	**02** ×	**03** ○	**04** ○
05 ○	**06** ×	**07** ○	**08** ×
09 ×	**10** ○	**11** ○	**12** ×

13 ㄱ **14** ㄱ, ㄴ, ㄷ, ㄹ, ㅁ
15 ㄱ, ㄴ, ㄷ, ㄹ, ㅁ, ㅂ **16** ㄱ, ㄴ, ㄷ, ㄹ, ㅁ, ㅅ
17 ㄱ, ㄴ, ㄷ, ㄹ, ㅁ, ㅂ, ㅅ
18 $\overline{DC}$, $\overline{BC}$ **19** $\overline{DC}$, $\overline{BC}$, $\overline{BD}$
20 $\angle BCD$, $\overline{BC}$ 또는 $\overline{AD}$ **21** $\overline{OC}$, $\overline{OD}$, $\overline{BC}$ 또는 $\overline{AD}$
22 $\overline{DC}$, $\overline{BC}$, $\overline{BD}$ **23** $\overline{DC}$, $\overline{AD}$, $\overline{BD}$, $\overline{BD}$

---

01 직사각형은 평행사변형이므로 두 쌍의 대변이 각각 평행하다.

03 직사각형은 평행사변형이므로 이웃하는 두 내각의 크기의 합이 $180°$이다.

04 정사각형은 평행사변형이므로 두 쌍의 대각의 크기가 각각 같다.

05 정사각형은 마름모이므로 대각선이 한 내각을 이등분한다.

08 이웃하는 두 변의 길이가 같은 평행사변형은 마름모이다.

09 두 대각선의 길이가 같은 평행사변형은 직사각형이다.

12 두 대각선이 직교하는 평행사변형은 마름모이다.

핵심 반복　　　　본문 42쪽

1 ⑤	**2** ①, ③	**3** ③	**4** ②, ⑤
5 ④	**6** ③		

1 △ACD에서 $\angle D=90°$이므로
$\angle ACD=180°-(90°+26°)=64°$
$\therefore \angle x=64°$

2 평행사변형이 직사각형이 되려면 한 내각의 크기가 $90°$이거나 두 대각선의 길이가 같아야 하므로 ①, ③이다.

3 $\overline{AD}=\overline{AB}=5$　$\therefore x=5$
$\overline{AC}\perp\overline{BD}$이므로 $\angle BOC=90°$　$\therefore y=90$
$\therefore x+y=5+90=95$

4 평행사변형이 마름모가 되려면 이웃하는 두 변의 길이가 같거나 두 대각선이 직교해야 하므로 ②, ⑤이다.

6 ③ 두 대각선의 길이가 같은 평행사변형은 직사각형이다.

형성 평가　　　　본문 43쪽

1 ④	**2** ③	**3** ⑤	**4** ①, ⑤
5 ②, ③	**6** 75°		

1 △OAD에서 $\angle AOD=\angle BOC=130°$, $\overline{OA}=\overline{OD}$이므로
$\angle OAD=\angle ODA=\dfrac{180°-130°}{2}=\dfrac{50°}{2}=25°$
$\therefore x=25$
△ABD에서 $\angle A=90°$, $\angle BDA=25°$이므로
$\angle ABD=180°-(90°+25°)=65°$
$\therefore y=65$
$\therefore y-x=65-25=40$

2 △CBD에서 $\overline{CB}=\overline{CD}$이므로
$\angle CDB=\angle CBD=30°$
한편 △FED에서
$\angle EDF=30°$, $\angle FED=90°$이므로
$\angle DFE=180°-(30°+90°)$
$\qquad\quad=60°$

3 조건 ㉡에서 두 쌍의 대각의 크기가 각각 같으므로 □ABCD는 평행사변형이다.
이때 조건 ㉠에서 $\overline{AC}=2\overline{OA}=2\overline{OB}=\overline{BD}$이므로 두 대각선의 길이가 같은 평행사변형은 직사각형이다.
또 조건 ㉢에서 이웃하는 두 변의 길이가 같은 직사각형은 정사각형이다.
따라서 □ABCD는 정사각형이다.

4 ㉠은 평행사변형이 직사각형이 되는 조건 혹은 마름모가 정사각형이 되는 조건이다. 따라서 한 내각이 직각($\angle A = 90°$)이거나 두 대각선의 길이가 같아야($\overline{AC} = \overline{BD}$) 한다.

5 ㉡은 평행사변형이 마름모 되는 조건 혹은 직사각형이 정사각형이 되는 조건이다. 따라서 이웃하는 두 변의 길이가 같거나 ($\overline{AB} = \overline{BC}$) 두 대각선이 직교($\overline{AC} \perp \overline{BD}$)해야 한다.

6 $\overline{AE} = \overline{AD} = \overline{AB}$이므로 △ABE는 $\overline{AE} = \overline{AB}$인 이등변삼각형이다.
즉, $\angle AEB = \angle ABE = 30°$이므로
$\angle BAE = 180° - (30° + 30°)$
$\qquad = 120°$
$\therefore \angle EAD = \angle BAE - \angle BAD = 120° - 90° = 30°$
이때 △ADE에서 $\overline{AD} = \overline{AE}$이므로
$\angle ADE = \angle AED = \dfrac{180° - 30°}{2} = \dfrac{150°}{2} = 75°$

쉬운 서술형
본문 44쪽

1 (1) $80°$ (2) $50°$

2 (1) $24\,\text{cm}^2$
(2) $\triangle IAB = 5x\,\text{cm}^2$, $\triangle IBC = 4x\,\text{cm}^2$,
$\triangle ICA = 3x\,\text{cm}^2$
(3) $2\,\text{cm}$

3 (1) $9\,\text{cm}$ (2) $3\,\text{cm}$

4 (1) △ABF≡△DAE (2) $90°$ (3) $120°$

1 (1) $\angle BOC = 2\angle A = 2 \times 40° = 80°$ ······ (가)
(2) △OBC에서 $\overline{OB} = \overline{OC}$이고 $\angle BOC = 80°$이므로
$\angle OBC = \angle OCB$
$\qquad = \dfrac{180° - 80°}{2} = \dfrac{100°}{2} = 50°$ ······ (나)

채점 기준표

단계	채점 기준	비율
(가)	$\angle BOC$의 크기를 구한 경우	50 %
(나)	$\angle OBC$의 크기를 구한 경우	50 %

2 (1) $\triangle ABC = \dfrac{1}{2} \times \overline{BC} \times \overline{AC}$
$\qquad = \dfrac{1}{2} \times 8 \times 6 = 24(\text{cm}^2)$ ······ (가)
(2) $\overline{AB} \perp \overline{ID}$, $\overline{BC} \perp \overline{IE}$, $\overline{AC} \perp \overline{IF}$이므로
$\triangle IAB = \dfrac{1}{2} \times \overline{AB} \times \overline{ID} = \dfrac{1}{2} \times 10 \times x = 5x(\text{cm}^2)$
$\triangle IBC = \dfrac{1}{2} \times \overline{BC} \times \overline{IE} = \dfrac{1}{2} \times 8 \times x = 4x(\text{cm}^2)$
$\triangle ICA = \dfrac{1}{2} \times \overline{AC} \times \overline{IF} = \dfrac{1}{2} \times 6 \times x = 3x(\text{cm}^2)$ ······ (나)

(3) $\triangle IAB + \triangle IBC + \triangle ICA = \triangle ABC$이므로
$5x + 4x + 3x = 24$
$12x = 24$
$\therefore x = 2$
따라서 내접원 I의 반지름의 길이는 $2\,\text{cm}$이다. ······ (다)

채점 기준표

단계	채점 기준	비율
(가)	△ABC의 넓이를 구한 경우	20 %
(나)	△IAB, △IBC, △ICA의 넓이를 x에 대한 식으로 나타낸 경우	60 %
(다)	내접원 I의 반지름의 길이를 구한 경우	20 %

3 (1) $\overline{AB} /\!/ \overline{EC}$이므로
$\angle ABE = \angle CEB$ (엇각)
따라서 $\angle CBE = \angle CEB$이므로 ······ (가)
△BCE는 $\overline{BC} = \overline{EC}$인 이등변삼각형이다.
$\therefore \overline{EC} = \overline{BC} = 9\,\text{cm}$ ······ (나)
(2) $\overline{DC} = \overline{AB} = 6\,\text{cm}$이므로
$\overline{ED} = \overline{EC} - \overline{DC}$
$\qquad = 9 - 6 = 3(\text{cm})$ ······ (다)

채점 기준표

단계	채점 기준	비율
(가)	$\angle CBE = \angle CEB$임을 보인 경우	20 %
(나)	$\overline{EC}$의 길이를 구한 경우	40 %
(다)	$\overline{ED}$의 길이를 구한 경우	40 %

4 (1) △ABF와 △DAE에서
$\angle B = \angle A = 90°$
$\overline{AB} = \overline{DA}$, $\overline{BF} = \overline{AE}$이므로
△ABF≡△DAE (SAS 합동) ······ (가)
(2) $\angle ADE = \angle BAF$이므로
△AGD에서
$\angle DGF = \angle ADG + \angle DAG$
$\qquad = \angle BAF + \angle DAG$
$\qquad = 90°$ ······ (나)
(3) △ABF≡△DAE이므로
$\angle BAF = \angle ADE = 90° - 60° = 30°$
△ABF에서
$\angle GFC = \angle BAF + \angle ABF$
$\qquad = 30° + 90° = 120°$ ······ (다)

다른 풀이
□GFCD에서
$\angle GFC = 360° - (60° + 90° + 90°)$
$\qquad = 120°$

채점 기준표

단계	채점 기준	비율
(가)	△ABF≡△DAE임을 보인 경우	30 %
(나)	$\angle DGF$의 크기를 구한 경우	40 %
(다)	$\angle GFC$의 크기를 구한 경우	30 %

V 도형의 닮음과 피타고라스 정리

01 닮은 도형

본문 46쪽

01 ○	02 ×	03 ×	04 ×
05 ×	06 ○	07 ○	08 ○
09 점 D	10 $\overline{DF}$	11 ∠C	12 점 G
13 $\overline{GH}$	14 ∠F		

02

 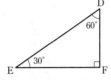

두 직각삼각형 ABC와 DEF는 닮은 도형이 아니다.

03

 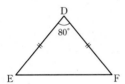

두 이등변삼각형 ABC와 DEF는 닮은 도형이 아니다.

04

 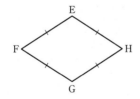

두 마름모 ABCD와 EFGH는 닮은 도형이 아니다.

05

 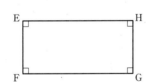

두 직사각형 ABCD와 EFGH는 닮은 도형이 아니다.

02 평면도형에서의 닮음의 성질

본문 47쪽

01 2 : 3	02 80°	03 60°	04 40°
05 9 cm	06 3 : 4	07 100°	08 120°
09 8 cm	10 6 cm		

01 △ABC와 △DEF의 닮음비는
$\overline{AB} : \overline{DE} = 4 : 6 = 2 : 3$

02 ∠A＝∠D＝80°

03 ∠E＝∠B＝60°

04 ∠F＝180°－(∠D＋∠E)
＝180°－(80°＋60°)
＝180°－140°
＝40°

05 $\overline{BC} : \overline{EF} = 2 : 3$이므로
$6 : \overline{EF} = 2 : 3$
$2\overline{EF} = 18$
∴ $\overline{EF} = 9$ cm

06 □ABCD와 □EFGH의 닮음비는
$\overline{AD} : \overline{EH} = 3 : 4$

07 ∠E＝∠A＝100°

08 ∠G＝∠C＝90°이므로 □EFGH에서
∠H＝360°－(∠E＋∠F＋∠G)
＝360°－(100°＋50°＋90°)
＝360°－240°
＝120°

09 $\overline{BC} : \overline{FG} = 3 : 4$이므로
$6 : \overline{FG} = 3 : 4$
$3\overline{FG} = 24$
∴ $\overline{FG} = 8$ cm

10 $\overline{AB} : \overline{EF} = 3 : 4$이므로
$\overline{AB} : 8 = 3 : 4$
$4\overline{AB} = 24$
∴ $\overline{AB} = 6$ cm

03 입체도형에서의 닮음의 성질

본문 48쪽

01 3 : 4	02 12 cm	03 $\frac{9}{2}$ cm
04 □C′G′H′D′		05 3 : 4
06 4 : 5	07 4 : 5	08 5 cm 09 4 : 3
10 4 : 3	11 9 cm	

01 작은 직육면체와 큰 직육면체의 닮음비는
$\overline{AB} : \overline{A'B'} = 6 : 8 = 3 : 4$

02 $\overline{BF} : \overline{B'F'} = 3 : 4$이므로
$9 : \overline{B'F'} = 3 : 4$

$3\overline{B'F'}=36$

$\therefore \overline{B'F'}=12$ cm

03 $\overline{EH} : \overline{E'H'}=3 : 4$이므로

$\overline{EH} : 6=3 : 4$

$4\overline{EH}=18$

$\therefore \overline{EH}=\dfrac{9}{2}$ cm

05 □EFGH와 □E'F'G'H'의 닮음비는 작은 직육면체와 큰 직육면체의 닮음비와 같으므로 3 : 4이다.

06 두 원기둥 A와 B의 높이는 각각 8 cm, 10 cm이므로 높이의 비는 8 : 10=4 : 5이다.

07 두 원기둥 A와 B의 닮음비는 두 원기둥 A와 B의 높이의 비와 같으므로 4 : 5이다.

08 원기둥 B의 밑면의 반지름의 길이를 r cm라고 하면

$4 : r=4 : 5$

$\therefore r=5$

따라서 원기둥 B의 밑면의 반지름의 길이는 5 cm이다.

09 두 원뿔 A와 B의 밑면의 반지름의 길이는 각각 8 cm, 6 cm이므로 반지름의 길이의 비는 8 : 6=4 : 3이다.

10 두 원뿔 A와 B의 닮음비는 두 원뿔 A와 B의 밑면의 반지름의 길이의 비이므로 4 : 3이다.

11 원뿔 B의 모선의 길이를 x cm라고 하면

$12 : x=4 : 3$이므로

$4x=36$

$\therefore x=9$

따라서 원뿔 B의 모선의 길이는 9 cm이다.

본문 49쪽

04 닮은 두 도형의 둘레의 길이의 비

01 1 : 2	02 3 cm	03 4 cm	04 8 cm
05 1 : 2	06 2 : 3	07 2 : 3	08 24 cm

01 □ABCD와 □A'B'C'D'의 닮음비는

$\overline{AB} : \overline{A'B'}=2 : 4=1 : 2$

02 $\overline{AD} : \overline{A'D'}=1 : 2$이므로

$\overline{AD} : 6=1 : 2$

$2\overline{AD}=6$

$\therefore \overline{AD}=3$ cm

---

03 $\overline{BC} : \overline{B'C'}=1 : 2$이므로

$\overline{BC} : 8=1 : 2$

$2\overline{BC}=8$

$\therefore \overline{BC}=4$ cm

04 $\overline{CD} : \overline{C'D'}=1 : 2$이므로

$4 : \overline{C'D'}=1 : 2$

$\therefore \overline{C'D'}=8$ cm

05 □ABCD와 □A'B'C'D'의 둘레의 길이의 비는 닮음비와 같으므로 1 : 2이다.

[다른 풀이]

(□ABCD의 둘레의 길이)=2+4+4+3

$=13$(cm)

(□A'B'C'D'의 둘레의 길이)=4+8+8+6

$=26$(cm)

$\therefore$ (□ABCD의 둘레의 길이) : (□A'B'C'D'의 둘레의 길이)

$=13 : 26$

$=1 : 2$

06 □ABCD와 □EFGH의 닮음비는

$\overline{AB} : \overline{EF}=2 : 3$

07 □ABCD와 □EFGH의 둘레의 길이의 비는 닮음비와 같으므로 2 : 3이다.

08 △ABC와 △DEF의 닮음비는

$\overline{AB} : \overline{DE}=4 : 6=2 : 3$

△ABC와 △DEF의 둘레의 길이의 비는 닮음비와 같으므로 2 : 3이다.

따라서 16 : (△DEF의 둘레의 길이)=2 : 3이므로

(△DEF의 둘레의 길이)=24 cm

본문 50쪽

05 닮은 두 도형의 넓이의 비와 부피의 비

01 5 : 6	02 25 : 36	03 4 : 5	04 16 : 25
05 2 : 3	06 4 : 9	07 2 : 3	08 4 : 9
09 8 : 27	10 3 : 4	11 9 : 16	12 9 : 16
13 27 : 64	14 8 : 5	15 9 : 25	16 27 : 125
17 2, 4, 8	18 2, 5, 4, 25, 8, 125		19 36 cm²
20 16 cm³			

01 △ABC와 △DEF의 닮음비는

$\overline{AB} : \overline{DE}=5 : 6$

02 △ABC와 △DEF의 넓이의 비는

$5^2 : 6^2=25 : 36$

03 □ABCD와 □EFGH의 닮음비는
$\overline{BC} : \overline{FG} = 8 : 10 = 4 : 5$

04 □ABCD와 □EFGH의 넓이의 비는
$4^2 : 5^2 = 16 : 25$

05 □BFGC와 □B'F'G'C'의 닮음비는 대응하는 변의 길이의 비이므로
$\overline{AB} : \overline{A'B'} = 2 : 3$

06 □BFGC와 □B'F'G'C'는 닮음이고, 닮음비가 2 : 3이므로 넓이의 비는 $2^2 : 3^2 = 4 : 9$이다.

> **다른 풀이**
> $\overline{BC} : \overline{B'C'} = 2 : 3$이므로 $\overline{BC} : 3 = 2 : 3$
> $\therefore \overline{BC} = 2$
> (□BFGC의 넓이)$= 2 \times 4 = 8$
> (□B'F'G'C'의 넓이)$= 3 \times 6 = 18$
> 따라서 □BFGC와 □B'F'G'C'의 넓이의 비는
> $8 : 18 = 4 : 9$

07 두 직육면체 P와 Q의 닮음비는 대응하는 모서리의 길이의 비이므로 2 : 3이다.

08 두 직육면체 P와 Q는 닮음이고, 닮음비가 2 : 3이므로 겉넓이의 비는 $2^2 : 3^2 = 4 : 9$이다.

> **다른 풀이**
> (직육면체 P의 겉넓이)$=$(밑넓이)$\times 2 +$(옆넓이)
> $\qquad\qquad\qquad = (2 \times 2) \times 2 + (2+2+2+2) \times 4$
> $\qquad\qquad\qquad = 8 + 32 = 40$
> (직육면체 Q의 겉넓이)$= (3 \times 3) \times 2 + (3+3+3+3) \times 6$
> $\qquad\qquad\qquad = 18 + 72 = 90$
> 따라서 두 직육면체 P와 Q의 겉넓이의 비는
> $40 : 90 = 4 : 9$

09 두 직육면체 P와 Q는 닮음이고, 닮음비가 2 : 3이므로 부피의 비는 $2^3 : 3^3 = 8 : 27$이다.

> **다른 풀이**
> (직육면체 P의 부피)$= 2 \times 2 \times 4 = 16$
> (직육면체 Q의 부피)$= 3 \times 3 \times 6 = 54$
> 따라서 두 직육면체 P와 Q의 부피의 비는
> $16 : 54 = 8 : 27$

10 두 원기둥 A와 B의 닮음비는 밑면인 원의 반지름의 길이의 비이므로 3 : 4이다.

11 두 원기둥 A와 B의 닮음비가 3 : 4이므로
밑면인 원의 넓이의 비는 $3^2 : 4^2 = 9 : 16$이다.

> **다른 풀이**
> 두 원기둥 A와 B의 밑면인 원의 반지름의 길이는 각각 3 cm, 4 cm이므로 두 원의 넓이는 각각 9π cm², 16π cm²이다.

따라서 넓이의 비는 $9\pi : 16\pi = 9 : 16$이다.

12 두 원기둥 A와 B의 닮음비가 3 : 4이므로 겉넓이의 비는
$3^2 : 4^2 = 9 : 16$

13 두 원기둥 A와 B의 닮음비가 3 : 4이므로 부피의 비는
$3^3 : 4^3 = 27 : 64$

14 두 정사면체 A와 B의 닮음비는 대응하는 모서리의 길이의 비이므로 3 : 5이다.

15 두 정사면체 A와 B의 닮음비가 3 : 5이므로 겉넓이의 비는
$3^2 : 5^2 = 9 : 25$

16 두 정사면체 A와 B의 닮음비가 3 : 5이므로 부피의 비는
$3^3 : 5^3 = 27 : 125$

17 두 원뿔 A와 B의 닮음비는 모선의 길이의 비와 같으므로
$5 : 10 = 1 : \boxed{2}$이다.
이때 겉넓이의 비는 $1^2 : 2^2 = 1 : \boxed{4}$,
부피의 비는 $1^3 : 2^3 = 1 : \boxed{8}$이다.

18 두 구 A와 B는 닮음이고, 닮음비는 반지름의 길이의 비이므로
$\boxed{2} : \boxed{5}$이다.
이때 겉넓이의 비는 $2^2 : 5^2 = \boxed{4} : \boxed{25}$,
부피의 비는 $2^3 : 5^3 = \boxed{8} : \boxed{125}$이다.

19 두 원기둥 A와 B의 닮음비가 2 : 3이므로 겉넓이의 비는
$2^2 : 3^2 = 4 : 9$이다.
원기둥 B의 겉넓이를 x cm²라고 하면 원기둥 A의 겉넓이가 16 cm²이므로
$16 : x = 4 : 9$ $\therefore x = 36$
따라서 원기둥 B의 겉넓이는 36 cm²이다.

20 두 정팔면체 A와 B의 닮음비가 5 : 2이므로 부피의 비는
$5^3 : 2^3 = 125 : 8$이다.
정팔면체 B의 부피를 x cm³라고 하면 정팔면체 A의 부피가 250 cm³이므로
$250 : x = 125 : 8$ $\therefore x = 16$
따라서 정팔면체 B의 부피는 16 cm³이다.

핵심 반복
본문 52쪽

1 ⑤	2 ③	3 ④	4 ③
5 ④	6 ①	7 ⑤	

2 닮은 두 평면도형에서 닮음비는 대응하는 변의 길이의 비이다.
따라서 □ABCD와 □EFGH의 닮음비는
$\overline{AB}:\overline{EF}=6:8=3:4$

3 ∠A=∠E=70°, ∠C=∠G=90°이므로
□ABCD에서
$\angle D=360°-(\angle A+\angle B+\angle C)$
$=360°-(70°+75°+90°)$
$=360°-235°$
$=125°$

4 $\overline{AD}:\overline{EH}=3:4$이므로
$4:\overline{EH}=3:4$
$3\overline{EH}=16$
$\therefore \overline{EH}=\dfrac{16}{3}$ cm

5 $\overline{AD}:\overline{A'D'}=\overline{BF}:\overline{B'F'}$이므로
$3:\overline{A'D'}=5:10=1:2$
$\therefore \overline{A'D'}=6$

6 △ABC와 △DEF의 닮음비가 $\overline{AC}:\overline{DF}=3:4$이므로 둘레
의 길이의 비도 3 : 4이다.
(△ABC의 둘레의 길이) : (△DEF의 둘레의 길이)=3 : 4에서
12 : (△DEF의 둘레의 길이)=3 : 4
∴ (△DEF의 둘레의 길이)=16 cm

7 (퍼즐 조각 한 개의 부피) : (퍼즐 전체의 부피)
$=1^3:3^3=1:27$
이때 퍼즐 조각 한 개의 부피가 4 cm³이므로
4 : (퍼즐 전체의 부피)=1 : 27
∴ (퍼즐 전체의 부피)=108 cm³

형성 평가   본문 53쪽

1 ②   **2** ⑤   **3** ④   **4** ②
5 ③   **6** 520 cm³

2 $\overline{AD}:\overline{EH}=\overline{BC}:\overline{FG}$이므로
$6:x=9:6$
$9x=36$
$\therefore x=4$
대응하는 각의 크기가 같으므로
∠G=∠C=85°, ∠H=∠D=90°
□EFGH에서
$\angle E=360°-(\angle F+\angle G+\angle H)$
$=360°-(70°+85°+90°)$
$=360°-245°=115°$
∴ y=115
∴ x+y=4+115=119

3 자른 원뿔과 자르기 전의 원뿔의 높이의 비가 1 : 2이므로 밑
면의 반지름의 길이의 비도 1 : 2이다.
$3:\overline{BC}=1:2$
$\therefore \overline{BC}=6$ cm
따라서 자르기 전의 원뿔의 밑면의 둘레의 길이는
$2\pi \times 6=12\pi$(cm)

4 세 원의 닮음비는 세 원의 반지름의 길이의 비이므로 1 : 2 : 3
이다. 그러므로 세 원의 넓이의 비는
$1^2:2^2:3^2=1:4:9$
따라서 세 부분 A, B, C의 넓이의 비는
$1:(4-1):(9-4)=1:3:5$

5 원뿔 A와 원뿔 (A+B)의 닮음비가 1 : 2이므로
부피의 비는
$1^3:2^3=1:8$
따라서 원뿔 A와 원뿔대 B의 부피의 비는
$1:(8-1)=1:7$이므로
8 : (원뿔대 B의 부피)=1 : 7
∴ (원뿔대 B의 부피)=56 cm³

6 채워진 물과 그릇의 닮음비는 원뿔의 높이의 비와 같으므로
$6:18=1:3$
즉, (채워진 물의 부피) : (그릇의 부피)$=1^3:3^3=1:27$
이때 채워진 물의 부피가 20 cm³이므로
20 : (그릇의 부피)=1 : 27
∴ (그릇의 부피)=540 cm³
따라서 그릇을 가득 채우기 위해 더 필요한 물의 부피는
$540-20=520$(cm³)

본문 54쪽

06 삼각형의 닮음조건

01 6, 2, 10, 2, 8, 2, SSS   **02** 4, 2, 3, 2, ∠D, SAS
03 ∠D, ∠E, AA   **04** ○   **05** ○
06 ×   **07** ○   **08** ×   **09** ○
10 ㄱ과 ㅁ (SSS 닮음), ㄴ과 ㄹ (SAS 닮음),
ㄷ과 ㅂ (AA 닮음)

01 △ABC와 △DEF에서
$\overline{AB}:\overline{DE}=3:\boxed{6}=1:\boxed{2}$
$\overline{BC}:\overline{EF}=5:\boxed{10}=1:\boxed{2}$
$\overline{AC}:\overline{DF}=4:\boxed{8}=1:\boxed{2}$
이므로 △ABC∽△DEF ($\boxed{SSS}$ 닮음)

02 △ABC와 △DEF에서
$\overline{AB}:\overline{DE}=\boxed{4}:8=1:\boxed{2}$

$\overline{AC} : \overline{DF} = \boxed{3} : 6 = 1 : \boxed{2}$

$\angle A = \boxed{\angle D} = 60°$

이므로 △ABC∽△DEF ($\boxed{SAS}$ 닮음)

03 △ABC와 △DEF에서

$\angle A = \boxed{\angle D} = 80°$

$\angle B = \boxed{\angle E} = 60°$

이므로 △ABC∽△DEF ($\boxed{AA}$ 닮음)

04 세 쌍의 대응하는 변의 길이의 비가

$3 : 9 = 4 : 12 = 5 : 15 = 1 : 3$으로 같으므로 서로 닮은 도형이다.

05 세 쌍의 대응하는 변의 길이의 비가

$3 : 6 = 6 : 12 = 7 : 14 = 1 : 2$로 같으므로 서로 닮은 도형이다.

06 두 쌍의 대응하는 변의 길이의 비는 $3 : 6 = 5 : 10 = 1 : 2$로 같으나 그 끼인각의 크기가 각각 40°, 35°로 같지 않으므로 닮은 도형이 아니다.

07 두 쌍의 대응하는 변의 길이의 비는 $2 : 3 = 4 : 6$으로 같고, 그 끼인각의 크기가 50°로 같으므로 서로 닮은 도형이다.

08

$\angle a = 180° - (50° + 70°)$
$\quad = 60°$

$\angle b = 180° - (50° + 40°)$
$\quad = 90°$

즉, 두 쌍의 대응하는 각의 크기가 각각 같지 않으므로 서로 닮은 도형이 아니다.

09

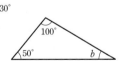

$\angle a = 180° - (100° + 30°)$
$\quad = 50°$

$\angle b = 180° - (100° + 50°)$
$\quad = 30°$

즉, 두 쌍의 대응하는 각의 크기가 각각 같으므로 서로 닮은 도형이다.

10 ㄱ과 ㅁ: 세 쌍의 대응하는 변의 길이의 비가

$2 : 4 = 3 : 6 = 4 : 8 = 1 : 2$로 같으므로 서로 닮은 도형이다. (SSS 닮음)

ㄴ과 ㄹ: 두 쌍의 대응하는 변의 길이의 비가

$3 : 6 = 4 : 8 = 1 : 2$로 같고, 그 끼인각의 크기가

$180° - (75° + 40°) = 65°$로 같으므로 서로 닮은 도

형이다. (SAS 닮음)

ㄷ과 ㅂ: ㄷ에서 나머지 한 각의 크기는

$180° - (25° + 90°) = 65°$

즉, 두 쌍의 대응하는 각의 크기가 각각 같으므로 서로 닮은 도형이다. (AA 닮음)

본문 56쪽

07 삼각형의 닮음조건의 활용

01 △ABC∽△ADE **02** SAS 닮음

03 8 cm **04** △ABC∽△BCD **05** SSS 닮음

06 90° **07** △ABC∽△AED **08** AA 닮음

09 $\dfrac{3}{5}$ cm **10** △ABC∽△CBD **11** SAS 닮음

12 6 cm

01~02 △ABC와 △ADE에서

$\overline{AB} : \overline{AD} = 2 : 4 = 1 : 2$

$\overline{AC} : \overline{AE} = 3 : 6 = 1 : 2$

$\angle BAC = \angle DAE$ (맞꼭지각)

이므로 △ABC∽△ADE (SAS 닮음)

03 $\overline{BC} : \overline{DE} = 1 : 2$이므로

$4 : \overline{DE} = 1 : 2$

$\therefore \overline{DE} = 8$ cm

04~05 △ABC와 △BCD에서

$\overline{AB} : \overline{BC} = 6 : 8 = 3 : 4$

$\overline{BC} : \overline{CD} = 8 : \dfrac{32}{3} = 3 : 4$

$\overline{AC} : \overline{BD} = 10 : \dfrac{40}{3} = 3 : 4$

이므로 △ABC∽△BCD (SSS 닮음)

06 $\angle BCD = \angle ABC = 90°$

07~08 △ABC와 △AED에서

$\angle ABC = \angle AED = 55°$

$\angle A$는 공통

$\therefore$ △ABC∽△AED (AA 닮음)

09 $\overline{EC} = x$ cm라고 하면

$\overline{AB} : \overline{AE} = \overline{AC} : \overline{AD}$이므로

$(4+3) : 5 = (5+x) : 4$

$5(5+x) = 28, \; 25 + 5x = 28, \; 5x = 3$

$\therefore x = \dfrac{3}{5}$ $\therefore \overline{EC} = \dfrac{3}{5}$ cm

10~11 △ABC와 △CBD에서

$\overline{AB} : \overline{CB} = 9 : 6 = 3 : 2$

$\overline{BC} : \overline{BD} = 6 : 4 = 3 : 2$

∠B는 공통

∴ △ABC∽△CBD (SAS 닮음)

12 $\overline{AC} : \overline{CD} = 3 : 2$이므로 $\overline{AC} : 4 = 3 : 2$

$2\overline{AC} = 12$ ∴ $\overline{AC} = 6\,\mathrm{cm}$

08 직각삼각형의 닮음

본문 57쪽

01 ×	02 ○	03 ○	04 ○
05 ×	06 ○	07 6	08 15
09 6			

02 ∠BAH = 90° − ∠CAH = ∠ACH

03 △ABC와 △HAC에서

∠BAC = ∠AHC = 90°

∠C는 공통

이므로 △ABC∽△HAC (AA 닮음)

04 △HBA와 △HAC에서

∠AHB = ∠CHA = 90°

∠HBA = 90° − ∠HAB = ∠HAC

이므로 △HBA∽△HAC (AA 닮음)

∴ $\overline{HA} : \overline{HC} = \overline{HB} : \overline{HA}$

05 △ABC와 △HBA에서

∠BAC = ∠BHA = 90°

∠B는 공통이므로

△ABC∽△HBA (AA 닮음)

∴ $\overline{AB} : \overline{HB} = \overline{BC} : \overline{BA}$

∴ $\overline{AB}^2 = \overline{HB} \times \overline{BC}$

06 △ABC∽△HAC (AA 닮음)이므로

$\overline{AC} : \overline{HC} = \overline{BC} : \overline{AC}$

∴ $\overline{AC}^2 = \overline{HC} \times \overline{BC}$

07 $\overline{AB}^2 = \overline{HB} \times \overline{BC}$이므로

$x^2 = 4 \times (4+5) = 36$

$x > 0$이므로 $x = 6$

08 $\overline{AC}^2 = \overline{HC} \times \overline{BC}$이므로

$x^2 = 9 \times (16+9) = 225$

$x > 0$이므로 $x = 15$

09 $\overline{HA}^2 = \overline{HB} \times \overline{HC}$이므로

$x^2 = 9 \times 4 = 36$

$x > 0$이므로 $x = 6$

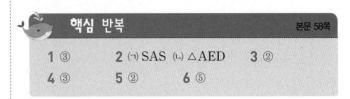

핵심 반복

본문 58쪽

1 ③	2 (ㄱ) SAS (ㄴ) △AED	3 ②
4 ③	5 ②	6 ⑤

1 △ABC와 △DFE에서

∠C = ∠E = 30°

∠B = 180° − (70° + 30°) = 80° = ∠F

이므로 △ABC∽△DFE (AA 닮음)

2 △ABC와 △AED에서

$\overline{AB} : \overline{AE} = 8 : 4 = 2 : 1$

$\overline{AC} : \overline{AD} = 6 : 3 = 2 : 1$

∠A는 공통

이므로 △ABC∽△AED (SAS 닮음)

3 $\overline{BC} : \overline{ED} = 2 : 1$이므로

$9 : \overline{ED} = 2 : 1$

∴ $\overline{ED} = \dfrac{9}{2}\,\mathrm{cm}$

4 △ABC와 △ADB에서

∠ACB = ∠ABD

∠A는 공통

∴ △ABC∽△ADB (AA 닮음)

$\overline{DC} = x\,\mathrm{cm}$라고 하면

$\overline{AB} : \overline{AD} = \overline{AC} : \overline{AB}$이므로

$6 : 4 = (4+x) : 6$

$16 + 4x = 36, \ 4x = 20$ ∴ $x = 5$

∴ $\overline{DC} = 5\,\mathrm{cm}$

5 $\overline{BC} : \overline{DB} = \overline{AB} : \overline{AD}$이므로 $\overline{BC} : 3 = 6 : 4$

∴ $\overline{BC} = \dfrac{9}{2}\,\mathrm{cm}$

6 $\overline{AB}^2 = \overline{HB} \times \overline{BC}$이므로

$8^2 = 4 \times (4+x)$

$64 = 16 + 4x$

$4x = 48$

∴ $x = 12$

형성 평가

본문 59쪽

1 ④	2 ①	3 ②	4 ②
5 ③	6 $\dfrac{21}{2}$ cm		

1 △ABC와 △ACD에서

$\overline{AB} : \overline{AC} = (4+5) : 6 = 9 : 6 = 3 : 2$

$\overline{AC} : \overline{AD} = 6 : 4 = 3 : 2$

∠A는 공통

이므로 △ABC∽△ACD (SAS 닮음)

$\overline{BC} : \overline{CD} = \overline{AB} : \overline{AC}$이므로

$\overline{BC} : 5 = 3 : 2$

$2\overline{BC} = 15$ ∴ $\overline{BC} = \dfrac{15}{2}$

2 △ABC와 △AED에서

∠ABC=∠AED, ∠A는 공통

이므로 △ABC∽△AED (AA 닮음)

$\overline{AC} : \overline{AD} = \overline{AB} : \overline{AE}$이므로

$(3+5) : \overline{AD} = 6 : 3$

$6\overline{AD} = 24$ ∴ $\overline{AD} = 4$

∴ $\overline{DB} = \overline{AB} - \overline{AD} = 6 - 4 = 2$

3 △ABC와 △EDA에서

$\overline{AB} /\!/ \overline{DE}$이므로 ∠BAC=∠DEA (엇각)

$\overline{AD} /\!/ \overline{BC}$이므로 ∠BCA=∠DAE (엇각)

이므로 △ABC∽△EDA (AA 닮음)

$\overline{BC} : \overline{DA} = \overline{AB} : \overline{ED}$이므로

$\overline{BC} : 6 = 2 : 3$

$3\overline{BC} = 12$ ∴ $\overline{BC} = 4$

$\overline{AC} : \overline{EA} = \overline{AB} : \overline{ED}$이므로

$\overline{AC} : (\overline{AC} + 2) = 2 : 3$

$2(\overline{AC} + 2) = 3\overline{AC},\ 2\overline{AC} + 4 = 3\overline{AC}$

∴ $\overline{AC} = 4$

∴ (△ABC의 둘레의 길이)

$= \overline{AB} + \overline{BC} + \overline{AC}$

$= 2 + 4 + 4 = 10$

4 $\overline{DC} = x$ cm라고 하면

$\overline{AB}^2 = \overline{BD} \times \overline{BC}$이므로

$6^2 = 4 \times (4 + x)$

$36 = 16 + 4x,\ 4x = 20$

∴ $x = 5$

∴ $\overline{DC} = 5$

5 $\overline{HA}^2 = \overline{HB} \times \overline{HC}$이므로

$\overline{HA}^2 = 2 \times 8 = 16$

$\overline{HA} > 0$이므로 $\overline{HA} = 4$

∴ △ABC $= \dfrac{1}{2} \times \overline{BC} \times \overline{AH}$

$= \dfrac{1}{2} \times (2 + 8) \times 4$

$= 20$

6

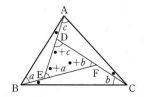

△ABC와 △DEF에서

∠BAC=∠EDF, ∠ABC=∠DEF

∴ △ABC∽△DEF (AA 닮음)

△ABC와 △DEF의 닮음비는

$\overline{AB} : \overline{DE} = 6 : 3 = 2 : 1$

(△ABC의 둘레의 길이)$= 6 + 8 + 7$

$= 21(\text{cm})$

△DEF의 둘레의 길이를 l cm라고 하면

△ABC와 △DEF의 둘레의 길이의 비는 닮음비와 같으므로

$21 : l = 2 : 1,\ 2l = 21$

∴ $l = \dfrac{21}{2}$

따라서 △DEF의 둘레의 길이는 $\dfrac{21}{2}$ cm이다.

본문 60쪽

09 삼각형에서 평행선과 선분의 길이의 비(1)

01 12	02 9	03 8	04 $\dfrac{8}{3}$
05 6	06 $\dfrac{9}{2}$	07 4	08 $\dfrac{9}{2}$
09 4 : 3	10 4 : 3	11 4 : 7	12 $\dfrac{48}{7}$
13 4 : 1	14 3 : 4	15 4	16 $\dfrac{45}{8}$
17 4	18 $\dfrac{45}{4}$	19 $\dfrac{15}{2}$	20 24

01 $\overline{AB} : \overline{AD} = \overline{AC} : \overline{AE}$이므로

$9 : 6 = x : 8$에서

$6x = 72$

∴ $x = 12$

02 $\overline{AB} : \overline{AD} = \overline{BC} : \overline{DE}$이므로

$2 : 6 = 3 : x$에서

$2x = 18$

∴ $x = 9$

03 $\overline{AB} : \overline{AD} = \overline{BC} : \overline{DE}$이므로

$6 : 3 = x : 4$에서

$3x = 24$

∴ $x = 8$

04 $\overline{AC} : \overline{AE} = \overline{BC} : \overline{DE}$이므로

$4 : x = 6 : 4$에서

$6x = 16$

∴ $x = \dfrac{8}{3}$

05 $\overline{AC} : \overline{AE} = \overline{BC} : \overline{DE}$이므로

$(8+4):8=9:x$에서

$12x=72$

$\therefore x=6$

06 $\overline{AC}:\overline{AE}=\overline{BC}:\overline{DE}$이므로

$9:(9+x)=10:15=2:3$에서

$2(9+x)=27$

$18+2x=27$

$2x=9$

$\therefore x=\dfrac{9}{2}$

07 $\overline{AD}:\overline{DB}=\overline{AE}:\overline{EC}$이므로

$x:9=4:9$

$\therefore x=4$

08 $\overline{AD}:\overline{DB}=\overline{AE}:\overline{EC}$이므로

$8:6=6:x$에서

$8x=36$

$\therefore x=\dfrac{9}{2}$

09 $\triangle ABE \circ \triangle CDE$ (AA 닮음)이므로

$\overline{BE}:\overline{ED}=\overline{AB}:\overline{CD}$

$=16:12$

$=4:3$

10 $\overline{EF}/\!/\overline{DC}$이므로

$\overline{BF}:\overline{FC}=\overline{BE}:\overline{ED}$

$=4:3$

11 $\overline{BF}:\overline{BC}=4:(4+3)$

$=4:7$

12 $\triangle EBF \circ \triangle DBC$ (AA 닮음)이므로

$\overline{EF}:\overline{DC}=\overline{BF}:\overline{BC}$

$\overline{EF}:12=4:7$

$7\overline{EF}=48$

$\therefore \overline{EF}=\dfrac{48}{7}$

13 $\triangle ABC \circ \triangle EFC$ (AA 닮음)이므로

$\overline{BC}:\overline{FC}=\overline{AB}:\overline{EF}=12:3=4:1$

14 $\overline{BF}:\overline{BC}=(4-1):4=3:4$

15 $\overline{EF}:\overline{DC}=\overline{BF}:\overline{BC}$이므로

$3:\overline{DC}=3:4$

$\therefore \overline{DC}=4$

16 $\overline{BE}:\overline{DE}=\overline{AB}:\overline{CD}$

$=9:15$

$=3:5$

$\overline{BE}:\overline{BD}=\overline{EF}:\overline{DC}$이므로

$3:(3+5)=x:15$

$8x=45$

$\therefore x=\dfrac{45}{8}$

17 $\overline{BE}:\overline{DE}=\overline{AB}:\overline{CD}$

$=6:12$

$=1:2$

$\overline{BE}:\overline{BD}=\overline{EF}:\overline{DC}$이므로

$1:(1+2)=x:12$

$3x=12$

$\therefore x=4$

18 $\overline{BF}:\overline{BC}=\overline{EF}:\overline{DC}$

$=5:9$

$\overline{BC}:\overline{FC}=\overline{AB}:\overline{EF}$이므로

$9:(9-5)=x:5$

$4x=45$

$\therefore x=\dfrac{45}{4}$

19 $\overline{BC}:\overline{FC}=\overline{AB}:\overline{EF}=5:3$

$\overline{EF}:\overline{DC}=\overline{BF}:\overline{BC}$

$=(5-3):5=2:5$

$3:x=2:5$

$2x=15$

$\therefore x=\dfrac{15}{2}$

20 $\overline{BC}:\overline{FC}=\overline{AB}:\overline{EF}=12:8=3:2$

$\overline{EF}:\overline{DC}=\overline{BF}:\overline{BC}$

$=(3-2):3=1:3$

$8:x=1:3$

$\therefore x=24$

본문 62쪽

10 삼각형에서 평행선과 선분의 길이의 비(2)

| 01 ○ | 02 × | 03 × | 04 ○ |
| 05 ○ | 06 ○ | 07 × | 08 ○ |

01 $\overline{AB}:\overline{AD}=12:8=3:2$

$\overline{AC}:\overline{AE}=9:6=3:2$

따라서 $\overline{AB}:\overline{AD}=\overline{AC}:\overline{AE}$이므로

$\overline{BC}/\!/\overline{DE}$

02 $\overline{AB} : \overline{AD} = 4 : 10 = 2 : 5$
$\overline{AC} : \overline{AE} = 3 : 9 = 1 : 3$
따라서 $\overline{AB} : \overline{AD} \neq \overline{AC} : \overline{AE}$이므로
$\overline{BC}$와 $\overline{DE}$는 평행하지 않다.

03 $\overline{AD} : \overline{DB} = 9 : 3 = 3 : 1$
$\overline{AE} : \overline{EC} = 8 : 4 = 2 : 1$
따라서 $\overline{AD} : \overline{DB} \neq \overline{AE} : \overline{EC}$이므로
$\overline{BC}$와 $\overline{DE}$는 평행하지 않다.

04 $\overline{AD} : \overline{DB} = 3 : 9 = 1 : 3$
$\overline{AE} : \overline{EC} = 2 : 6 = 1 : 3$
따라서 $\overline{AD} : \overline{DB} = \overline{AE} : \overline{EC}$이므로
$\overline{BC} /\!/ \overline{DE}$

05 $\overline{AB} : \overline{AD} = 10 : 7.5 = 4 : 3$
$\overline{AC} : \overline{AE} = 12 : 9 = 4 : 3$
따라서 $\overline{AB} : \overline{AD} = \overline{AC} : \overline{AE}$이므로
$\overline{BC} /\!/ \overline{DE}$

06 $\overline{AB} : \overline{AD} = 8 : 12 = 2 : 3$
$\overline{AC} : \overline{AE} = 6 : 9 = 2 : 3$
따라서 $\overline{AB} : \overline{AD} = \overline{AC} : \overline{AE}$이므로
$\overline{BC} /\!/ \overline{DE}$

07 $\overline{AC} : \overline{AE} = 8 : 4 = 2 : 1$
$\overline{BC} : \overline{DE} = 9 : 5$
따라서 $\overline{AC} : \overline{AE} \neq \overline{BC} : \overline{DE}$이므로
$\overline{BC}$와 $\overline{DE}$는 평행하지 않다.

08 $\overline{AD} : \overline{DB} = (8-6) : 8 = 1 : 4$
$\overline{AE} : \overline{EC} = 3 : (3+9) = 1 : 4$
따라서 $\overline{AD} : \overline{DB} = \overline{AE} : \overline{EC}$이므로
$\overline{BC} /\!/ \overline{DE}$

02 $6 : (14-6) = x : 9$에서
$6 : 8 = x : 9$
$8x = 54$
$\therefore x = \dfrac{27}{4}$

03 $4 : 5 = 5 : x$에서
$4x = 25$
$\therefore x = \dfrac{25}{4}$

04 $5 : 10 = x : 8$에서
$10x = 40$
$\therefore x = 4$

05 $6 : (10-6) = x : 4$에서
$6 : 4 = x : 4$
$\therefore x = 6$

06 $3 : x = 4 : 10$에서 $4x = 30$
$\therefore x = \dfrac{15}{2}$

07 $4 : 4 = x : 5$에서 $x = 5$
$3 : y = 4 : 4$에서 $y = 3$
$\therefore x + y = 5 + 3 = 8$

08 $3 : 4 = x : 6$에서 $4x = 18$
$\therefore x = \dfrac{9}{2}$
$y : 5 = 3 : 4$에서 $4y = 15$
$\therefore y = \dfrac{15}{4}$
$\therefore x + y = \dfrac{9}{2} + \dfrac{15}{4} = \dfrac{33}{4}$

본문 63쪽

11 평행선 사이의 선분의 길이의 비

01 $\dfrac{8}{3}$	**02** $\dfrac{27}{4}$	**03** $\dfrac{25}{4}$	**04** 4
05 6	**06** $\dfrac{15}{2}$	**07** 8	**08** $\dfrac{33}{4}$

01 $3 : 2 = 4 : x$에서
$3x = 8$
$\therefore x = \dfrac{8}{3}$

본문 64쪽

12 사다리꼴에서의 선분의 길이의 비

01 8	**02** 8	**03** 8	**04** 5 : 8
05 5	**06** 13	**07** 3 : 2	**08** 3 : 5
09 6	**10** 2 : 5	**11** 6	**12** 12
13 4 : 9	**14** 4 : 13	**15** 4	**16** 12
17 9 : 13	**18** $\dfrac{52}{3}$	**19** $\dfrac{9}{2}$	**20** 6
21 $\dfrac{32}{3}$	**22** $\dfrac{29}{4}$		

01 □AHCD는 평행사변형이므로
$\overline{HC} = \overline{AD} = 8$

02 □AGFD는 평행사변형이므로

$\overline{GF}=\overline{AD}=8$

03 $\overline{BH}=\overline{BC}-\overline{HC}$
$=16-8$
$=8$

04 $\overline{EG}:\overline{BH}=\overline{AE}:\overline{AB}$
$=5:(5+3)$
$=5:8$

05 $\overline{EG}:8=5:8$
$\therefore \overline{EG}=5$

06 $\overline{EF}=\overline{EG}+\overline{GF}$
$=5+8$
$=13$

07 $\overline{BG}:\overline{GD}=\overline{BE}:\overline{EA}$
$=6:4$
$=3:2$

08 $\overline{BG}:\overline{BD}=3:(3+2)=3:5$

09 $\overline{EG}:\overline{AD}=\overline{BG}:\overline{BD}$이므로
$\overline{EG}:10=3:5$
$5\overline{EG}=30$
$\therefore \overline{EG}=6$

10 $\overline{DG}:\overline{DB}=2:(2+3)=2:5$

11 $\overline{GF}:\overline{BC}=\overline{DG}:\overline{DB}$이므로
$\overline{GF}:15=2:5$
$5\overline{GF}=30$
$\therefore \overline{GF}=6$

12 $\overline{EF}=\overline{EG}+\overline{GF}$
$=6+6$
$=12$

13 $\overline{AG}:\overline{GC}=\overline{DF}:\overline{FC}=4:9$

14 $\overline{AG}:\overline{AC}=4:(4+9)=4:13$

15 $\overline{EG}:\overline{BC}=\overline{AG}:\overline{AC}$에서
$\overline{EG}:13=4:13$
$\therefore \overline{EG}=4$

16 $\overline{GF}=\overline{EF}-\overline{EG}=16-4=12$

17 $\overline{CG}:\overline{CA}=9:(9+4)=9:13$

18 $\overline{GF}:\overline{AD}=\overline{CG}:\overline{CA}$이므로
$12:\overline{AD}=9:13$
$9\overline{AD}=156$
$\therefore \overline{AD}=\dfrac{52}{3}$

19 $\overline{BH}=\overline{EG}=\overline{AD}=9$이므로
$\overline{HC}=\overline{BC}-\overline{BH}=16-9=7$
$\overline{GF}:\overline{HC}=\overline{DF}:\overline{DC}=\overline{AE}:\overline{AB}=9:(9+5)=9:14$
이므로
$x:7=9:14$에서 $14x=63$
$\therefore x=\dfrac{9}{2}$

20 $\overline{EG}=\overline{AH}=\overline{BC}=4$
$\overline{CF}:\overline{CD}=\overline{GF}:\overline{HD}$이므로
$4:(4+12)=\overline{GF}:(12-4)$
$1:4=\overline{GF}:8$
$4\overline{GF}=8$
$\therefore \overline{GF}=2$
$\therefore x=\overline{EF}=\overline{EG}+\overline{GF}$
$=4+2$
$=6$

21 $\overline{AE}:\overline{AB}=\overline{EG}:\overline{BC}$이므로
$8:(8+4)=\overline{EG}:12$에서
$8:12=\overline{EG}:12$
$\therefore \overline{EG}=8$
$\overline{CF}:\overline{CD}=\overline{BE}:\overline{BA}$
$=4:(4+8)$
$=1:3$
$\overline{CF}:\overline{CD}=\overline{GF}:\overline{AD}$이므로
$1:3=\overline{GF}:8$
$3\overline{GF}=8$
$\therefore \overline{GF}=\dfrac{8}{3}$
$\therefore x=\overline{EF}=\overline{EG}+\overline{GF}$
$=8+\dfrac{8}{3}$
$=\dfrac{32}{3}$

22 $\overline{AD}:\overline{EG}=\overline{DB}:\overline{GB}=\overline{DC}:\overline{FC}=(5+3):3=8:3$에서
$6:\overline{EG}=8:3$이므로 $8\overline{EG}=18$
$\therefore \overline{EG}=\dfrac{9}{4}$
$\overline{GF}:\overline{BC}=\overline{DF}:\overline{DC}=5:(5+3)=5:8$
$\overline{GF}:8=5:8$
$\therefore \overline{GF}=5$
$\therefore x=\overline{EF}=\overline{EG}+\overline{GF}=\dfrac{9}{4}+5=\dfrac{29}{4}$

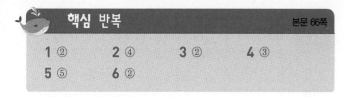

핵심 반복   본문 66쪽

1 ②	2 ④	3 ②	4 ③
5 ⑤	6 ②		

1 $\overline{AB}:\overline{AD}=\overline{BC}:\overline{DE}$이므로
$(6+2):6=8:\overline{DE}$
$\therefore \overline{DE}=6$

2 $\overline{AB}:\overline{AD}=\overline{AC}:\overline{AE}$이므로
$6:3=8:x$에서
$6x=24$
$\therefore x=4$
$\overline{AB}:\overline{AD}=\overline{BC}:\overline{DE}$이므로
$6:3=10:y$에서
$6y=30$
$\therefore y=5$
$\therefore x+y=4+5=9$

3 $\triangle ABE \backsim \triangle CDE$ (AA 닮음)이므로
$\overline{BE}:\overline{DE}=\overline{AB}:\overline{CD}=8:6=4:3$
즉, $\overline{BE}:\overline{BD}=4:(4+3)=4:7$
$\triangle EBF \backsim \triangle DBC$ (AA 닮음)이므로
$\overline{EF}:\overline{DC}=\overline{BE}:\overline{BD}$에서
$\overline{EF}:6=4:7$
$7\overline{EF}=24$
$\therefore \overline{EF}=\dfrac{24}{7}$

4 ① $\overline{AD}:\overline{DB}=(6-2):2=2:1$
$\overline{AE}:\overline{EC}=4:2=2:1$이므로
$\overline{AD}:\overline{DB}=\overline{AE}:\overline{EC}$
따라서 $\overline{BC}/\!/\overline{DE}$이다.
② $\overline{AB}:\overline{BD}=6:3=2:1$
$\overline{AC}:\overline{CE}=8:4=2:1$이므로
$\overline{AB}:\overline{BD}=\overline{AC}:\overline{CE}$
따라서 $\overline{BC}/\!/\overline{DE}$이다.
③ $\overline{AC}:\overline{AE}=6:4=3:2$
$\overline{AB}:\overline{AD}=8:3$이므로
$\overline{AC}:\overline{AE} \neq \overline{AB}:\overline{AD}$
따라서 $\overline{BC}$와 $\overline{DE}$는 평행하지 않다.
④ $\overline{AD}:\overline{AB}=3:5$
$\overline{AE}:\overline{AC}=4.5:(4.5+3)=3:5$이므로
$\overline{AD}:\overline{AB}=\overline{AE}:\overline{AC}$
따라서 $\overline{BC}/\!/\overline{DE}$이다.
⑤ $\overline{AE}:\overline{EC}=4:8=1:2$
$\overline{AD}:\overline{DB}=6:(6+6)=1:2$이므로
$\overline{AE}:\overline{EC}=\overline{AD}:\overline{DB}$
따라서 $\overline{BC}/\!/\overline{DE}$이다.

5 $4:6=6:(x-6)$이므로
$4x-24=36$에서 $4x=60$
$\therefore x=15$

6 $\overline{AD}/\!/\overline{EF}$이므로
$\overline{AD}:\overline{EG}=\overline{AB}:\overline{EB}=(2+4):4=3:2$
$9:\overline{EG}=3:2$
$3\overline{EG}=18$ $\therefore \overline{EG}=6$
또, $\overline{EF}/\!/\overline{BC}$이므로
$\overline{GF}:\overline{BC}=\overline{DG}:\overline{DB}=\overline{AE}:\overline{AB}=2:(2+4)=1:3$
$\overline{GF}:15=1:3$
$3\overline{GF}=15$
$\therefore \overline{GF}=5$
따라서 $\overline{EF}=\overline{EG}+\overline{GF}=6+5=11$

형성 평가   본문 67쪽
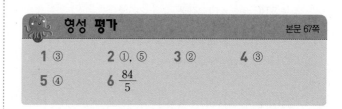

1 ③	2 ①, ⑤	3 ②	4 ③
5 ④	6 $\dfrac{84}{5}$		

1 $\overline{AD}:\overline{DB}=\overline{AE}:\overline{EC}$이므로
$8:2=\overline{AE}:3$
$2\overline{AE}=24$
$\therefore \overline{AE}=12$
$\overline{AD}:\overline{AB}=\overline{DE}:\overline{BC}$이므로
$8:10=\overline{DE}:10$
$\therefore \overline{DE}=8$
$\therefore (\triangle ADE의 둘레의 길이)=\overline{AD}+\overline{DE}+\overline{AE}$
$=8+8+12$
$=28$

2 ① $\overline{AD}:\overline{DB}=4:6=2:3$
$\overline{AF}:\overline{FC}=3:4.5=2:3$
따라서 $\overline{AD}:\overline{DB}=\overline{AF}:\overline{FC}$이므로
$\overline{DF}/\!/\overline{BC}$
② $\overline{BD}:\overline{DA}=6:4=3:2$
$\overline{BE}:\overline{EC}=5:7$
따라서 $\overline{BD}:\overline{DA} \neq \overline{BE}:\overline{EC}$이므로
$\overline{DE}$와 $\overline{AC}$는 평행하지 않다.
③ $\overline{CE}:\overline{EB}=7:5$
$\overline{CF}:\overline{FA}=4.5:3=3:2$
따라서 $\overline{CE}:\overline{EB} \neq \overline{CF}:\overline{FA}$이므로
$\overline{EF}$와 $\overline{BA}$는 평행하지 않다.
④ $\overline{EF}$의 길이는 알 수 없다.
⑤ $\overline{DF}/\!/\overline{BC}$이므로
$\overline{AD}:\overline{AB}=\overline{DF}:\overline{BC}$에서
$4:(4+6)=\overline{DF}:(5+7)$

$$10\overline{DF}=48$$
$$\therefore \overline{DF}=4.8$$

3 $12:6=x:4$에서
$$6x=48$$
$$\therefore x=8$$
$6:y=4:6$에서
$$4y=36$$
$$\therefore y=9$$
$$\therefore x+y=8+9=17$$

4 $\overline{BE}:\overline{ED}=\overline{AB}:\overline{CD}=20:30=2:3$
$\overline{BE}:\overline{BD}=\overline{EF}:\overline{DC}$이므로
$$2:(2+3)=\overline{EF}:30$$
$$5\overline{EF}=60$$
$$\therefore \overline{EF}=12$$
$$\therefore \triangle EBC=\frac{1}{2}\times\overline{BC}\times\overline{EF}$$
$$=\frac{1}{2}\times40\times12$$
$$=240$$

5 □AGFD, □AHCD는 평행사변형이므로
$$\overline{HC}=\overline{GF}=\overline{AD}=6$$
$$\overline{AG}:\overline{AH}=\overline{DF}:\overline{DC}=2:(2+6)=1:4$$
$\triangle AEG\backsim\triangle ABH$ (AA 닮음)이므로
$\overline{EG}:\overline{BH}=\overline{AG}:\overline{AH}$에서
$$2:\overline{BH}=1:4$$
$$\therefore \overline{BH}=8$$
$$\therefore \overline{BC}=\overline{BH}+\overline{HC}=8+6=14$$

6 오른쪽 그림과 같이 대각선 AC를 그어 $\overline{AC}$와 $\overline{EF}$가 만나는 점을 G라 하자.

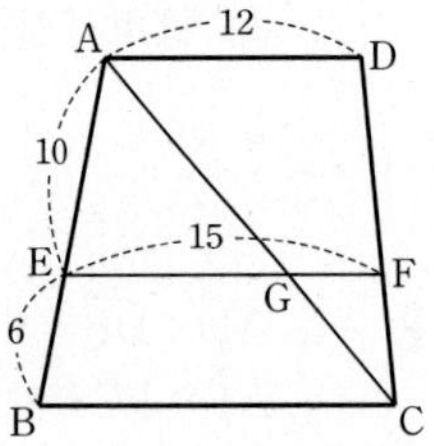

$$\overline{CG}:\overline{CA}=\overline{BE}:\overline{BA}$$
$$=6:(6+10)$$
$$=3:8$$
이므로
$\overline{GF}:\overline{AD}=\overline{CG}:\overline{CA}$에서
$$\overline{GF}:12=3:8$$
$$8\overline{GF}=36$$
$$\therefore \overline{GF}=\frac{9}{2}$$
$$\therefore \overline{EG}=\overline{EF}-\overline{GF}=15-\frac{9}{2}=\frac{21}{2}$$
또, $\overline{AG}:\overline{AC}=\overline{AE}:\overline{AB}=10:(10+6)=5:8$이므로
$\overline{EG}:\overline{BC}=\overline{AG}:\overline{AC}$에서
$$\frac{21}{2}:\overline{BC}=5:8$$
$$5\overline{BC}=84$$
$$\therefore \overline{BC}=\frac{84}{5}$$

13 삼각형의 두 변의 중점을 연결한 선분의 성질

01 60	02 6	03 10	04 4
05 7	06 8		

01 $\triangle ABC\backsim\triangle AMN$ (SAS 닮음)이므로 대응각의 크기가 같다.
$$\angle ABC=\angle AMN=60°$$
$$\therefore x=60$$

02 $\overline{MN}=\frac{1}{2}\overline{BC}=\frac{1}{2}\times12=6$
$$\therefore x=6$$

03 $\overline{BC}=2\overline{MN}=2\times5=10$
$$\therefore x=10$$

04 $\overline{AN}=\overline{NC}$이므로
$$x=4$$

05 $\overline{AN}=\overline{NC}$이므로
$\overline{AN}=\frac{1}{2}\overline{AC}=\frac{1}{2}\times14=7$
$$\therefore x=7$$

06 $\overline{MN}=\frac{1}{2}\overline{BC}=\frac{1}{2}\times16=8$
$$\therefore x=8$$

14 삼각형의 두 변의 중점을 연결한 선분의 성질의 활용

01 5	02 3	03 4	04 12
05 15	06 32	07 $\frac{23}{2}$	

01 $\overline{DE}=\frac{1}{2}\overline{AC}=\frac{1}{2}\times10=5$

02 $\overline{EF}=\frac{1}{2}\overline{AB}=\frac{1}{2}\times6=3$

03 $\overline{DF}=\frac{1}{2}\overline{BC}=\frac{1}{2}\times8=4$

04 (△DEF의 둘레의 길이)$=\overline{DE}+\overline{EF}+\overline{DF}$
$$=5+3+4=12$$

05 (△DEF의 둘레의 길이)

$$=\frac{1}{2}\times(\triangle ABC의\ 둘레의\ 길이)$$

$$=\frac{1}{2}\times(8+12+10)$$

$$=15$$

06 (△DEF의 둘레의 길이)

$$=2\times(\triangle ABC의\ 둘레의\ 길이)$$

$$=2\times(5+7+4)$$

$$=2\times16$$

$$=32$$

07 $\overline{AC}=2\overline{DE}=2\times\frac{9}{2}=9$이므로

(△ABC의 둘레의 길이)$=6+8+9=23$

$$\therefore (\triangle DEF의\ 둘레의\ 길이)=\frac{1}{2}\times23=\frac{23}{2}$$

15 삼각형의 중선과 무게중심

01 3	**02** 8	**03** 12 cm²	**04** 6 cm²
05 4	**06** 6	**07** 12	**08** 7
09 11	**10** 11	**11** 4	**12** 3
13 2	**14** 6 cm²	**15** 6 cm²	

01 $\overline{AD}$는 중선이므로

$\overline{CD}=\overline{BD}=3$ cm

$\therefore x=3$

02 $\overline{AD}$는 중선이므로

$\overline{BC}=2\overline{CD}=2\times4=8$(cm)

$\therefore x=8$

03 $\triangle AMC=\frac{1}{2}\triangle ABC$

$$=\frac{1}{2}\times24$$

$$=12(cm^2)$$

04 $\triangle ABN=\frac{1}{2}\triangle ABM$

$$=\frac{1}{2}\times\frac{1}{2}\triangle ABC$$

$$=\frac{1}{4}\triangle ABC$$

$$=\frac{1}{4}\times24$$

$$=6(cm^2)$$

05 $\overline{AG}:\overline{GD}=2:1$이므로

$x:2=2:1$ $\therefore x=4$

06 $\overline{AG}:\overline{GD}=2:1$이므로

$12:x=2:1,\ 2x=12$

$\therefore x=6$

07 $\overline{BG}:\overline{GD}=2:1$이므로

$8:(x-8)=2:1$

$2x-16=8,\ 2x=24$

$\therefore x=12$

08 $\overline{CD}=\overline{BD}=3$ $\therefore x=3$

$\overline{AG}:\overline{GD}=2:1$이므로

$y:2=2:1$ $\therefore y=4$

$\therefore x+y=3+4=7$

09 $\overline{AC}=2\overline{AD}=2\times4=8$

$\therefore x=8$

$\overline{BG}:\overline{GD}=2:1$이므로

$6:y=2:1,\ 2y=6$

$\therefore y=3$

$\therefore x+y=8+3=11$

10 $\overline{AD}=\frac{1}{2}\overline{AB}=\frac{1}{2}\times12=6$

$\therefore x=6$

$\overline{CG}:\overline{GD}=2:1$이므로

$10:y=2:1,\ 2y=10$

$\therefore y=5$

$\therefore x+y=6+5=11$

11 $\overline{BG}:\overline{GE}=2:1$이므로

$4:x=2:1,\ 2x=4$ $\therefore x=2$

$\overline{AG}:\overline{GD}=2:1$이므로

$4:y=2:1,\ 2y=4$ $\therefore y=2$

$\therefore x+y=2+2=4$

12 $\overline{AG}:\overline{GD}=2:1$이므로

$\overline{GD}=\frac{1}{2}\overline{AG}=\frac{1}{2}\times6=3$

13 $\overline{GG'}:\overline{G'D}=2:1$이므로

$\overline{GG'}=\frac{2}{3}\overline{GD}=\frac{2}{3}\times3=2$

14 $\triangle GBC=\triangle GBD+\triangle GCD$

$$=\frac{1}{6}\triangle ABC+\frac{1}{6}\triangle ABC$$

$$=\frac{1}{3}\triangle ABC$$

$$=\frac{1}{3}\times18$$

$$=6(cm^2)$$

15 $\square BDGF = 2\triangle GBD$

$\qquad = 2 \times \dfrac{1}{6}\triangle ABC$

$\qquad = \dfrac{1}{3}\triangle ABC$

$\qquad = \dfrac{1}{3} \times 18$

$\qquad = 6(\text{cm}^2)$

6 $\square GDCE = \dfrac{1}{3}\triangle ABC$

$\qquad = \dfrac{1}{3} \times 24$

$\qquad = 8(\text{cm}^2)$

🐋 **핵심 반복**

1 ②	**2** ②	**3** ③	**4** ①
5 ②	**6** ①		

1 $\triangle ABC \infty \triangle AMN$ (SAS 닮음)이므로 대응각의 크기가 같다.

$\angle B = \angle AMN = 45°$

$\therefore x = 45$

$\overline{BC} : \overline{MN} = \overline{AB} : \overline{AM} = 2 : 1$이므로

$\overline{MN} = \dfrac{1}{2}\overline{BC} = \dfrac{1}{2} \times 10 = 5$

$\therefore y = 5$

$\therefore x + y = 45 + 5 = 50$

2 $\triangle ABC \infty \triangle DBE$ (SAS 닮음)이므로 대응각의 크기가 같다.

즉, $\angle A = \angle BDE$이므로 $\overline{AC} /\!/ \overline{DE}$이다.

$\therefore \angle FDE = \angle AFD = 50°$ (엇각)

3 (△DEF의 둘레의 길이)

$= \dfrac{1}{2} \times$ (△ABC의 둘레의 길이)

$= \dfrac{1}{2} \times 20 = 10$

4 $\overline{AG} : \overline{GD} = 2 : 1$이므로

$4 : x = 2 : 1$

$\therefore x = 2$

$\overline{BD} = \dfrac{1}{2}\overline{BC} = \dfrac{1}{2} \times 6 = 3$

$\therefore y = 3$

$\therefore x + y = 5$

5 $\overline{AG} : \overline{GD} = 2 : 1$이므로

$\overline{GD} = \dfrac{1}{2}\overline{AG}$

$\qquad = \dfrac{1}{2} \times 12 = 6$

$\overline{GG'} : \overline{G'D} = 2 : 1$이므로

$\overline{GG'} = \dfrac{2}{3}\overline{GD}$

$\qquad = \dfrac{2}{3} \times 6 = 4$

🐙 **형성 평가**

1 ③	**2** ②	**3** ③	**4** ②
5 ①	**6** 4 cm		

1 ①, ④ $\triangle ABC \infty \triangle ADF$(SAS 닮음)에서 대응하는 각의 크기는 같으므로 $\angle B = \angle ADF$

동위각의 크기가 같으면 두 직선은 평행하므로 $\overline{DF} /\!/ \overline{BC}$이다.

② $\overline{AC} : \overline{DE} = 2 : 1$이므로 $\overline{DE} = \dfrac{1}{2}\overline{AC} = \overline{AF}$

③ $\overline{AB} : \overline{FE} = 2 : 1$이므로 $\overline{AB} = 2\overline{FE}$

⑤ $\overline{AB} /\!/ \overline{FE}$이므로 $\angle ADF = \angle EFD$ (엇각)

따라서 옳지 않은 것은 ③이다.

2 △ABC에서 $\overline{PQ} = \dfrac{1}{2}\overline{AC} = \dfrac{1}{2} \times 12 = 6$

△DBC에서 $\overline{QR} = \dfrac{1}{2}\overline{BD} = \dfrac{1}{2} \times 10 = 5$

△ACD에서 $\overline{RS} = \dfrac{1}{2}\overline{AC} = \dfrac{1}{2} \times 12 = 6$

△ABD에서 $\overline{SP} = \dfrac{1}{2}\overline{BD} = \dfrac{1}{2} \times 10 = 5$이므로

(□PQRS의 둘레의 길이)$= \overline{PQ} + \overline{QR} + \overline{RS} + \overline{SP}$

$\qquad = 6 + 5 + 6 + 5$

$\qquad = 22$

3 $\overline{AG} : \overline{GD} = 2 : 1$이므로

$\overline{GD} = \dfrac{1}{2}\overline{AG} = \dfrac{1}{2} \times 6 = 3$

$\therefore x = 3$

$\overline{BG} : \overline{GE} = 2 : 1$이므로

$\overline{BG} = 2\overline{GE} = 2 \times 2 = 4$

$\therefore y = 4$

$\therefore x + y = 3 + 4 = 7$

4 $\overline{EF} = \overline{ED} + \overline{DF}$

$\qquad = \dfrac{1}{2}\overline{BD} + \dfrac{1}{2}\overline{DC}$

$\qquad = \dfrac{1}{2}\overline{BC} = \dfrac{1}{2} \times 18 = 9(\text{cm})$

$\overline{GG'} : \overline{EF} = \overline{AG} : \overline{AE} = 2 : (2+1)$이므로

$\overline{GG'} : 9 = 2 : 3,\ 3\overline{GG'} = 18$

$\therefore \overline{GG'} = 6\,\text{cm}$

5 $\triangle AEG \infty \triangle ABD$ (AA 닮음)이므로

$\triangle AEG$와 $\triangle ABD$의 닮음비는

30 EBS 한 장 수학 2 (하)

$\overline{AG}:\overline{AD}=2:3$이고 넓이의 비는 $2^2:3^2=4:9$이다.

$\triangle ABD=\dfrac{1}{2}\triangle ABC=\dfrac{1}{2}\times36=18(\text{cm}^2)$이므로

$\triangle AEG:18=4:9$

$9\triangle AEG=72$

$\therefore \triangle AEG=8\text{ cm}^2$

6 $\triangle ABC$에서 $\overline{AE}$, $\overline{BO}$는 중선이므로 점 G는 $\triangle ABC$의 무게중심이고, $\triangle ACD$에서 $\overline{CF}$, $\overline{DO}$는 중선이므로 점 G'은 $\triangle ACD$의 무게중심이다.

$\therefore \overline{GO}=\dfrac{1}{3}\overline{BO}$, $\overline{G'O}=\dfrac{1}{3}\overline{DO}$

이때 $\overline{BO}=\overline{DO}=\dfrac{1}{2}\overline{BD}=\dfrac{1}{2}\times12=6(\text{cm})$이므로

$\overline{GO}=\dfrac{1}{3}\times6=2(\text{cm})$

$\overline{G'O}=\dfrac{1}{3}\times6=2(\text{cm})$

$\therefore \overline{GG'}=\overline{GO}+\overline{G'O}$
$\qquad\quad=2+2$
$\qquad\quad=4(\text{cm})$

16 피타고라스 정리

01 10	**02** 6	**03** 13	**04** 12
05 20	**06** 8	**07** 7	
08 $\triangle ABD$, $\triangle ADC$		**09** 12	**10** 5
11 $\triangle ABC$, $\triangle ACD$		**12** 5	**13** 4
14 8	**15** 15	**16** 9	**17** 5
18 16	**19** 20		

01 직각삼각형에서 빗변은 직각의 대변이므로
빗변의 길이는 10이다.

02 피타고라스 정리에 의하여
$x^2+8^2=10^2$, $x^2+64=100$, $x^2=36$
$x>0$이므로 $x=6$

03 직각삼각형에서 빗변은 직각의 대변이므로
빗변의 길이는 13이다.

04 피타고라스 정리에 의하여
$5^2+x^2=13^2$, $25+x^2=169$, $x^2=144$
$x>0$이므로 $x=12$

05 주어진 직각삼각형에서 빗변의 길이는 x이므로
피타고라스 정리에 의하여
$x^2=12^2+16^2=144+256=400$
$x>0$이므로 $x=20$

06 주어진 직각삼각형에서 빗변의 길이는 17이므로
피타고라스 정리에 의하여
$x^2+15^2=17^2$, $x^2+225=289$, $x^2=64$
$x>0$이므로 $x=8$

07 주어진 직각삼각형에서 빗변의 길이는 25이므로
피타고라스 정리에 의하여
$24^2+x^2=25^2$, $576+x^2=625$, $x^2=49$
$x>0$이므로 $x=7$

08 직각삼각형은 한 내각이 직각인 삼각형이므로
주어진 그림에서 직각삼각형은 $\triangle ABD$, $\triangle ADC$이다.

09 직각삼각형 ABD에서 피타고라스 정리에 의하여
$\overline{BD}^2+\overline{AD}^2=\overline{AB}^2$이므로
$16^2+\overline{AD}^2=20^2$, $256+\overline{AD}^2=400$, $\overline{AD}^2=144$
$\overline{AD}>0$이므로 $\overline{AD}=12$

10 직각삼각형 ADC에서 피타고라스 정리에 의하여
$\overline{AD}^2+\overline{DC}^2=\overline{AC}^2$이므로
$12^2+\overline{DC}^2=13^2$, $144+\overline{DC}^2=169$, $\overline{DC}^2=25$
$\overline{DC}>0$이므로 $\overline{DC}=5$

11 직각삼각형은 한 내각이 직각인 삼각형이므로
주어진 그림에서 직각삼각형은 $\triangle ABC$, $\triangle ACD$이다.

12 직각삼각형 ACD에서 피타고라스 정리에 의하여
$\overline{AC}^2+\overline{CD}^2=\overline{AD}^2$이므로
$\overline{AC}^2+12^2=13^2$, $\overline{AC}^2+144=169$, $\overline{AC}^2=25$
$\overline{AC}>0$이므로 $\overline{AC}=5$

13 직각삼각형 ABC에서 피타고라스 정리에 의하여
$\overline{AB}^2+\overline{BC}^2=\overline{AC}^2$이므로
$\overline{AB}^2+3^2=5^2$, $\overline{AB}^2+9=25$, $\overline{AB}^2=16$
$\overline{AB}>0$이므로 $\overline{AB}=4$

14 직각삼각형 ADC에서 피타고라스 정리에 의하여
$\overline{DC}^2+\overline{AC}^2=\overline{AD}^2$이므로
$6^2+\overline{AC}^2=10^2$, $36+\overline{AC}^2=100$, $\overline{AC}^2=64$
$\overline{AC}>0$이므로 $\overline{AC}=8$

15 직각삼각형 ABC에서 피타고라스 정리에 의하여
$\overline{BC}^2+\overline{AC}^2=\overline{AB}^2$이므로
$\overline{BC}^2+8^2=17^2$, $\overline{BC}^2+64=289$, $\overline{BC}^2=225$
$\overline{BC}>0$이므로 $\overline{BC}=15$

16 $\overline{BD}=\overline{BC}-\overline{DC}$
$\qquad\;\;=15-6=9$

17 직각삼각형 ABD에서 피타고라스 정리에 의하여

$\overline{AB}^2 + \overline{BD}^2 = \overline{AD}^2$이므로
$12^2 + \overline{BD}^2 = 13^2$, $144 + \overline{BD}^2 = 169$, $\overline{BD}^2 = 25$
$\overline{BD} > 0$이므로 $\overline{BD} = 5$

18 $\overline{BC} = \overline{BD} + \overline{DC}$
$\quad = 5 + 11 = 16$

19 직각삼각형 ABC에서 피타고라스 정리에 의하여
$\overline{AB}^2 + \overline{BC}^2 = \overline{AC}^2$이므로
$\overline{AC}^2 = 12^2 + 16^2 = 144 + 256 = 400$
$\overline{AC} > 0$이므로 $\overline{AC} = 20$

본문 76쪽

17 직각삼각형이 되는 조건

01 ×	02 ×	03 ○	04 ○
05 ×	06 ×	07 16	08 20
09 8	10 15	11 25	

01 $2^2 + 4^2 = 4 + 16 = 20 \neq 25 = 5^2$이므로
직각삼각형이 아니다.

02 $3^2 + 5^2 = 9 + 25 = 34 \neq 49 = 7^2$이므로
직각삼각형이 아니다.

03 $5^2 + 12^2 = 25 + 144 = 169 = 13^2$이므로
직각삼각형이다.

04 $6^2 + 8^2 = 36 + 64 = 100 = 10^2$이므로
직각삼각형이다.

05 $7^2 + 10^2 = 49 + 100 = 149 \neq 169 = 13^2$이므로
직각삼각형이 아니다.

06 $8^2 + 12^2 = 64 + 144 = 208 \neq 225 = 15^2$이므로
직각삼각형이 아니다.

07 가장 긴 변의 길이가 20이므로
$12^2 + x^2 = 20^2$, $144 + x^2 = 400$, $x^2 = 256$
$x > 0$이므로 $x = 16$

08 가장 긴 변의 길이가 25이므로
$15^2 + x^2 = 25^2$, $225 + x^2 = 625$, $x^2 = 400$
$x > 0$이므로 $x = 20$

09 가장 긴 변의 길이가 17이므로
$x^2 + 15^2 = 17^2$, $x^2 + 225 = 289$, $x^2 = 64$

$x > 0$이므로 $x = 8$

10 가장 긴 변의 길이가 x이므로
$x^2 = 9^2 + 12^2 = 81 + 144 = 225$
$x > 0$이므로 $x = 15$

11 가장 긴 변의 길이가 x이므로
$x^2 = 7^2 + 24^2 = 49 + 576 = 625$
$x > 0$이므로 $x = 25$

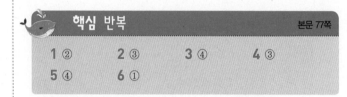

핵심 반복
본문 77쪽

1 ②	2 ③	3 ④	4 ③
5 ④	6 ①		

1 직각삼각형 ABC에서 피타고라스 정리에 의하여
$\overline{AB}^2 = \overline{BC}^2 + \overline{AC}^2 = 15^2 + 8^2 = 225 + 64 = 289$
$\overline{AB} > 0$이므로
$\overline{AB} = 17$ cm

2 직각삼각형 ABD에서
$\overline{BD}^2 + \overline{AD}^2 = \overline{AB}^2$이므로
$3^2 + \overline{AD}^2 = 5^2$, $9 + \overline{AD}^2 = 25$, $\overline{AD}^2 = 16$
$\overline{AD} > 0$이므로
$\overline{AD} = 4$

3 직각삼각형 ADC에서
$\overline{AD}^2 + \overline{DC}^2 = \overline{AC}^2$이므로
$4^2 + \overline{DC}^2 = \left(\dfrac{20}{3}\right)^2$
$16 + \overline{DC}^2 = \dfrac{400}{9}$, $\overline{DC}^2 = \dfrac{256}{9}$
$\overline{DC} > 0$이므로
$\overline{DC} = \dfrac{16}{3}$

4 $\overline{AB}^2 + \overline{BC}^2 = 6^2 + 8^2 = 36 + 64 = 100 = 10^2 = \overline{AC}^2$이므로
$\triangle ABC$는 $\overline{AC}$를 빗변으로 하는 직각삼각형이다.
$\therefore \angle B = 90°$

5 ① $2^2 + 3^2 = 4 + 9 = 13 \neq 16 = 4^2$이므로
직각삼각형이 아니다.
② $3^2 + 6^2 = 9 + 36 = 45 \neq 49 = 7^2$이므로
직각삼각형이 아니다.
③ $4^2 + 7^2 = 16 + 49 = 65 \neq 64 = 8^2$이므로
직각삼각형이 아니다.
④ $5^2 + 12^2 = 25 + 144 = 169 = 13^2$이므로
빗변의 길이가 13 cm인 직각삼각형이다.

⑤ $6^2+10^2=36+100=136\neq144=12^2$이므로
직각삼각형이 아니다.

6 주어진 보기의 숫자들은 모두 12보다 크므로 세 변의 길이 중
빗변이 x가 되도록 하는 x의 값을 구해야 한다.
한 내각이 직각인 삼각형은 직각삼각형이므로
$x^2=5^2+12^2=25+144=169$
$x>0$이므로 $x=13$

형성 평가   본문 78쪽

1 ②	**2** ⑤	**3** ②	**4** ①
5 ③	**6** 55		

1 오른쪽 그림과 같이 직사각형
ABCD에서 대각선 BD를 그으면
△DBC는 직각삼각형이므로 피타
고라스 정리에 의하여
$\overline{BC}^2+\overline{CD}^2=\overline{BD}^2$
$\overline{BD}^2=12^2+9^2=144+81=225$
$\overline{BD}>0$이므로 $\overline{BD}=15$
참고 직사각형의 두 대각선의 길이는 같으므로 대각선 AC
를 그어 구하여도 결과는 같다.

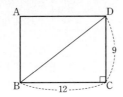

2 △DBC에서
$\overline{BC}^2+\overline{DC}^2=\overline{BD}^2$이므로
$\overline{BD}^2=4^2+3^2=16+9=25$
$\overline{BD}>0$이므로 $\overline{BD}=5$
또, △ABD에서
$\overline{BD}^2+\overline{AD}^2=\overline{AB}^2$이므로
$\overline{AB}^2=5^2+\left(\dfrac{15}{4}\right)^2=25+\dfrac{225}{16}=\dfrac{625}{16}$
$\overline{AB}>0$이므로 $\overline{AB}=\dfrac{25}{4}$

3 △ABC는 이등변삼각형이므로
∠A의 이등분선이 $\overline{BC}$와 만나는
점을 D라고 하면 $\overline{AD}\perp\overline{BC}$이고
$\overline{BD}=\overline{CD}$
$=\dfrac{1}{2}\overline{BC}$
$=\dfrac{1}{2}\times12=6(cm)$
△ABD는 직각삼각형이므로 피타고라스 정리에 의해
$\overline{BD}^2+\overline{AD}^2=\overline{AB}^2$
$6^2+\overline{AD}^2=10^2$, $36+\overline{AD}^2=100$, $\overline{AD}^2=64$
$\overline{AD}>0$이므로 $\overline{AD}=8\ cm$

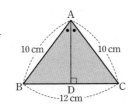

$\therefore \triangle ABC=\dfrac{1}{2}\times\overline{BC}\times\overline{AD}$
$=\dfrac{1}{2}\times12\times8$
$=48(cm^2)$

4 주어진 그림에서 △AOB는 직각삼각형이므로 피타고라스 정
리에 의하여
$\overline{AO}^2+\overline{OB}^2=\overline{AB}^2$
$4^2+\overline{OB}^2=5^2$, $16+\overline{OB}^2=25$, $\overline{OB}^2=9$
$\overline{OB}>0$이므로 $\overline{OB}=3\ cm$
$\therefore$ (원뿔의 부피)$=\dfrac{1}{3}\pi\times\overline{OB}^2\times\overline{AO}$
$=\dfrac{1}{3}\pi\times3^2\times4$
$=12\pi(cm^3)$

5 오른쪽 그림과 같이 점 A에서
$\overline{BC}$에 내린 수선의 발을 E라고
하면
$\overline{EC}=\overline{AD}=11\ cm$
$\therefore \overline{BE}=\overline{BC}-\overline{EC}$
$=16-11$
$=5(cm)$
직각삼각형 ABE에서
$\overline{AE}^2+\overline{BE}^2=\overline{AB}^2$이므로
$\overline{AE}^2+5^2=13^2$, $\overline{AE}^2+25=169$, $\overline{AE}^2=144$
$\overline{AE}>0$이므로 $\overline{AE}=12\ cm$
$\therefore$ (사다리꼴 ABCD의 넓이)$=\dfrac{1}{2}\times(\overline{AD}+\overline{BC})\times\overline{AE}$
$=\dfrac{1}{2}\times(11+16)\times12$
$=162(cm^2)$

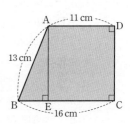

6 다음 그림과 같이 두 대각선에 의해 나누어진 △AOB,
△BOC, △COD, △DOA는 모두 직각삼각형이다.

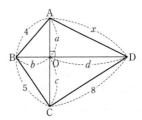

$\overline{AO}=a$, $\overline{BO}=b$, $\overline{CO}=c$, $\overline{DO}=d$라고 하면
$\overline{AB}^2=a^2+b^2=4^2=16$
$\overline{BC}^2=b^2+c^2=5^2=25$
$\overline{CD}^2=c^2+d^2=8^2=64$
$\overline{AD}^2=a^2+d^2=x^2$
따라서 $\overline{AB}^2+\overline{CD}^2=\overline{BC}^2+\overline{AD}^2$이므로
$16+64=25+x^2$
$\therefore x^2=55$

1 (1) △DBA (2) 2 : 1 (3) 5 cm

2 (1) △AED (2) 4 : 3 (3) 27 cm² (4) 21 cm²

3 (1) 18 cm (2) 12 cm (3) 42 cm²

4 (1) 5 cm (2) 12 cm (3) 13 cm

1 (1) △ABC와 △DBA에서

$\overline{AB} : \overline{DB} = 6 : 3 = 2 : 1$

$\overline{BC} : \overline{BA} = 12 : 6 = 2 : 1$

∠B는 공통

$\therefore$ △ABC∽△DBA (SAS 닮음) ······ (가)

(2) △ABC와 △DBA의 닮음비는

2 : 1 ······ (나)

(3) $\overline{CA} : \overline{AD} = 2 : 1$이므로

$10 : \overline{AD} = 2 : 1$

$2\overline{AD} = 10$

$\therefore \overline{AD} = 5$ cm ······ (다)

채점 기준표

단계	채점 기준	비율
(가)	△ABC와 닮음인 삼각형을 구한 경우	40 %
(나)	△ABC와 △DBA의 닮음비를 구한 경우	20 %
(다)	$\overline{AD}$의 길이를 구한 경우	40 %

2 (1) △ABC와 △AED에서

∠ACB = ∠ADE

∠A는 공통

이므로 △ABC∽△AED (AA 닮음) ······ (가)

(2) △ABC와 △AED의 닮음비는

$\overline{AC} : \overline{AD} = 8 : 6 = 4 : 3$ ······ (나)

(3) △ABC : △AED = 4² : 3² = 16 : 9이므로 ······ (다)

48 : △AED = 16 : 9

$\therefore$ △ADE = 27 cm² ······ (라)

(4) □DBCE = △ABC − △ADE

= 48 − 27

= 21(cm²) ······ (마)

채점 기준표

단계	채점 기준	비율
(가)	△ABC와 닮음인 삼각형을 구한 경우	20 %
(나)	△ABC와 △AED의 닮음비를 구한 경우	20 %
(다)	△ABC와 △AED의 넓이의 비를 구한 경우	20 %
(라)	△ADE의 넓이를 구한 경우	20 %
(마)	□DBCE의 넓이를 구한 경우	20 %

3 (1) $\overline{BO} = \frac{1}{2}\overline{BD}$

$= \frac{1}{2} \times 36$

$= 18$(cm) ······ (가)

(2) △ABC에서 $\overline{AE}$, $\overline{BO}$는 중선이므로 점 F는 △ABC의 무게중심이다.

즉, $\overline{BF} : \overline{FO} = 2 : 1$이므로

$\overline{BF} = \frac{2}{3}\overline{BO}$

$= \frac{2}{3} \times 18$

$= 12$(cm) ······ (나)

(3) △BEF $= \frac{1}{6}$△ABC

$= \frac{1}{6} \times \frac{1}{2}$□ABCD

$= \frac{1}{12}$□ABCD

$= \frac{1}{12} \times 504$

$= 42$(cm²) ······ (다)

채점 기준표

단계	채점 기준	비율
(가)	$\overline{BO}$의 길이를 구한 경우	20 %
(나)	$\overline{BF}$의 길이를 구한 경우	40 %
(다)	△BEF의 넓이를 구한 경우	40 %

4 (1) △GEF는 직각삼각형이므로 피타고라스 정리에 의하여

$\overline{EF}^2 + \overline{GF}^2 = \overline{EG}^2$

$\overline{EG}^2 = 3^2 + 4^2 = 9 + 16 = 25$

$\overline{EG} > 0$이므로

$\overline{EG} = 5$ cm ······ (가)

(2) $\overline{AE} = \overline{CG} = 12$ cm ······ (나)

(3) △AEG는 직각삼각형이므로 ······ (다)

피타고라스 정리에 의하여

$\overline{AE}^2 + \overline{EG}^2 = \overline{AG}^2$

$\overline{AG}^2 = 12^2 + 5^2 = 144 + 25 = 169$

$\overline{AG} > 0$이므로

$\overline{AG} = 13$ cm ······ (라)

채점 기준표

단계	채점 기준	비율
(가)	$\overline{EG}$의 길이를 구한 경우	30 %
(나)	$\overline{AE}$의 길이를 구한 경우	20 %
(다)	△AEG가 직각삼각형임을 구한 경우	20 %
(라)	$\overline{AG}$의 길이를 구한 경우	30 %

본문 82쪽

01 사건과 경우의 수

01 2	**02** 3	**03** 3	**04** 6
05 2	**06** 5	**07** 3	**08** 2
09 3	**10** 4	**11** 1	**12** 2
13 6	**14** 4		

01 5 이상의 눈이 나오는 경우는 눈의 수가 5, 6이 나오는 경우이므로 경우의 수는 2이다.

02 홀수의 눈이 나오는 경우는 눈의 수가 1, 3, 5가 나오는 경우이므로 경우의 수는 3이다.

03 소수의 눈이 나오는 경우는 눈의 수가 2, 3, 5가 나오는 경우이므로 경우의 수는 3이다.

04 주사위 1개를 던져서 나오는 눈의 경우는 1, 2, 3, 4, 5, 6의 6가지이다.

05 동전 1개를 던져서 나오는 면의 경우는 앞면, 뒷면의 2가지이다.

06 5장의 카드 중 1장의 카드를 뽑을 때, 카드에 적힌 수의 경우는 1, 2, 3, 4, 5의 5가지이다.

07 4보다 작은 수가 적힌 카드를 뽑는 경우는 1, 2, 3의 3가지이다.

08 8보다 큰 수가 적힌 카드를 뽑는 경우는 9, 10의 2가지이다.

09 3의 배수가 적힌 카드를 뽑는 경우는 3, 6, 9의 3가지이다.

10 10의 약수가 적힌 카드를 뽑는 경우는 1, 2, 5, 10의 4가지이다.

11 한 개의 동전을 두 번 던질 때, 모두 뒷면이 나오는 경우는 (뒤, 뒤)이므로 경우의 수는 1이다.

12 한 개의 동전을 두 번 던질 때, 뒷면이 1개 나오는 경우는 (앞, 뒤), (뒤, 앞)이므로 경우의 수는 2이다.

13 두 눈의 수가 같은 경우는
(1, 1), (2, 2), (3, 3), (4, 4), (5, 5), (6, 6)
의 6가지이다.

14 두 눈의 수의 합이 5인 경우는
(1, 4), (2, 3), (3, 2), (4, 1)
의 4가지이다.

본문 83쪽

02 사건 A 또는 사건 B가 일어나는 경우의 수

01 3	**02** 2	**03** 5	**04** 7
05 8	**06** 4	**07** 5	**08** 6
09 5	**10** 5	**11** 6	**12** 14

01 김밥 종류 중 한 가지를 주문하는 경우는 야채김밥, 참치김밥, 치즈김밥 중 1가지를 선택하는 경우이므로 모두 3가지이다.

02 라면 종류 중 한 가지를 주문하는 경우는 김치라면, 만두라면 중 1가지를 선택하는 경우이므로 모두 2가지이다.

03 김밥 또는 라면 종류 중에서 한 가지를 주문하는 경우의 수는 3+2=5이다.

04 티셔츠를 고르는 경우의 수는 4
블라우스를 고르는 경우의 수는 3
따라서 구하는 경우의 수는
4+3=7

05 면 요리를 고르는 경우의 수는 2
밥 요리를 고르는 경우의 수는 6
따라서 구하는 경우의 수는
2+6=8

06 3보다 작은 수가 적힌 카드를 뽑는 경우는 1, 2의 2가지
6보다 큰 수가 적힌 카드를 뽑는 경우는 7, 8의 2가지
따라서 구하는 경우의 수는
2+2=4

07 2의 배수가 적힌 카드를 뽑는 경우는 2, 4, 6, 8의 4가지
5의 배수가 적힌 카드를 뽑는 경우는 5의 1가지
따라서 구하는 경우의 수는
4+1=5

08 5의 약수가 적힌 카드를 뽑는 경우는 1, 5의 2가지
짝수가 적힌 카드를 뽑는 경우는 2, 4, 6, 8의 4가지
따라서 구하는 경우의 수는
2+4=6

09 짝수가 적힌 카드를 뽑는 경우는 2, 4, 6, 8의 4가지
7의 배수가 적힌 카드를 뽑는 경우는 7의 1가지
따라서 구하는 경우의 수는
4+1=5

10 (ⅰ) 두 눈의 수의 합이 3인 경우
(1, 2), (2, 1)의 2가지
(ⅱ) 두 눈의 수의 합이 10인 경우
(4, 6), (5, 5), (6, 4)의 3가지

따라서 구하는 경우의 수는

2+3=5

11 (ⅰ) 두 눈의 수의 곱이 6인 경우

$(1, 6), (2, 3), (3, 2), (6, 1)$의 4가지

(ⅱ) 두 눈의 수의 곱이 8인 경우

$(2, 4), (4, 2)$의 2가지

따라서 구하는 경우의 수는

4+2=6

12 (ⅰ) 두 눈의 수의 차가 1인 경우

$(1, 2), (2, 3), (3, 4), (4, 5), (5, 6), (2, 1),$
$(3, 2), (4, 3), (5, 4), (6, 5)$의 10가지

(ⅱ) 두 눈의 수의 차가 4인 경우

$(1, 5), (2, 6), (5, 1), (6, 2)$의 4가지

따라서 구하는 경우의 수는

10+4=14

본문 84쪽

03 사건 *A*와 사건 *B*가 동시에 일어나는 경우의 수

01 4	02 3	03 12	04 15
05 20	06 24	07 3	08 4
09 12	10 9	11 6	12 16
13 9			

01 4종류의 빵 중에서 한 가지를 고르는 경우의 수는 4이다.

02 3종류의 음료수 중에서 한 가지를 고르는 경우의 수는 3이다.

03 빵과 음료수를 각각 한 가지씩 고르는 경우의 수는

4×3=12

04 서울에서 인도를 거쳐 프랑스로 가는 경우는 서울에서 인도로 가는 사건과 인도에서 프랑스로 가는 사건이 동시에 일어나는 경우이므로 경우의 수는

3×5=15

05 티셔츠와 바지를 각각 하나씩 골라서 짝지어 입는 방법의 수는

5×4=20

06 책상과 의자를 각각 하나씩 골라서 사는 방법의 수는

4×6=24

07 A 지점에서 B 지점으로 가는 방법의 수는 3이다.

08 B 지점에서 C 지점으로 가는 방법의 수는 4이다.

09 A 지점에서 B 지점을 거쳐 C 지점으로 가는 방법의 수는

3×4=12

10 짝수의 눈이 나오는 경우는 2, 4, 6의 3가지
홀수의 눈이 나오는 경우는 1, 3, 5의 3가지
따라서 구하는 경우의 수는

3×3=9

11 소수의 눈이 나오는 경우는 2, 3, 5의 3가지
3의 배수의 눈이 나오는 경우는 3, 6의 2가지
따라서 구하는 경우의 수는

3×2=6

12 6의 약수의 눈이 나오는 경우는 1, 2, 3, 6의 4가지이므로 구하는 경우의 수는

4×4=16

13 (홀수)×(홀수)=(홀수)이므로 두 눈의 곱이 홀수인 경우는 처음 나온 눈의 수가 홀수, 나중에 나온 눈의 수도 홀수인 경우이다. 이때 홀수의 눈의 나오는 경우는 1, 3, 5의 3가지이므로 구하는 경우의 수는

3×3=9

본문 85쪽

04 일렬로 세우는 경우의 수

01 6	02 24	03 120	04 12
05 60	06 60	07 60	08 24
09 6	10 48	11 6	12 24

01 3×2×1=6

02 4×3×2×1=24

03 수학, 국어, 영어, 과학, 사회 5권의 교과서를 책꽂이에 한 줄로 꽂는 경우의 수는

5×4×3×2×1=120

04 4×3=12

05 5개의 알파벳 S T U D Y 중에서 3개를 뽑아 한 줄로 나열하는 경우의 수는

5×4×3=60

06 A에 칠할 색을 고르는 경우는 5가지,
B에 칠할 색을 고르는 경우는 A에 칠한 색을 제외한 4가지,
C에 칠할 색을 고르는 경우는 A, B에 칠한 색을 제외한 3가지이다.

따라서 구하는 경우의 수는
$5 \times 4 \times 3 = 60$

07 $5 \times 4 \times 3 = 60$

08 A가 맨 앞에 서는 경우의 수는 A를 제외한 나머지 4명을 일 렬로 세우는 경우의 수와 같으므로
$4 \times 3 \times 2 \times 1 = 24$

09 A가 맨 앞에 서고 E가 맨 뒤에 서는 경우의 수는 A, E를 제 외한 나머지 3명을 일렬로 세우는 경우의 수와 같으므로
$3 \times 2 \times 1 = 6$

10 A, B를 한 사람으로 생각하여 4명을 일렬로 세우는 경우의 수 는
$4 \times 3 \times 2 \times 1 = 24$
A와 B가 자리를 바꾸는 경우의 수는 2
따라서 구하는 경우의 수는
$24 \times 2 = 48$

11 동주, 지민, 석민, 진희 네 사람이 일렬로 설 때, 진희가 두 번 째에 서는 경우는
□ 진희 □ □
와 같이 진희를 두 번째로 고정시키고 나머지 사람을 일렬로 세우는 경우와 같다.
따라서 구하는 경우의 수는
$3 \times 2 \times 1 = 6$

12 가족 6명이 옆으로 나란히 설 때, 아버지가 가장 왼쪽, 어머니 가 가장 오른쪽에 서는 경우는
아버지 □ □ □ □ 어머니
와 같이 아버지와 어머니가 서는 위치를 고정시키고 나머지 사 람을 일렬로 세우는 경우와 같다.
따라서 구하는 경우의 수는
$4 \times 3 \times 2 \times 1 = 24$

05 정수의 개수
본문 86쪽

01 12	**02** 24	**03** 42	**04** 18
05 6	**06** 12	**07** 9	**08** 18
09 16	**10** 7	**11** 21	

01 4장의 숫자 카드 중 두 장을 뽑아 만들 수 있는 두 자리 정수의 개수는
$4 \times 3 = 12$

02 4장의 숫자 카드 중 세 장을 뽑아 만들 수 있는 세 자리 정수의

개수는
$4 \times 3 \times 2 = 24$

03 7장의 숫자 카드 중 두 장을 뽑아 만들 수 있는 두 자리 정수의 개수는
$7 \times 6 = 42$

04 짝수가 되려면 일의 자리에 올 수 있는 숫자는 2, 4, 6의 3개, 십의 자리에 올 수 있는 숫자는 일의 자리의 숫자를 제외한 6개이다.
따라서 만들 수 있는 짝수의 개수는
$3 \times 6 = 18$

05 20보다 작은 자연수가 되려면 십의 자리에 올 수 있는 숫자는 1의 1개, 일의 자리에 올 수 있는 숫자는 십의 자리의 숫자를 제외한 6개이다.
따라서 만들 수 있는 20보다 작은 자연수의 개수는
$1 \times 6 = 6$

06 60보다 큰 자연수가 되려면 십의 자리에 올 수 있는 숫자는 6, 7의 2개, 일의 자리에 올 수 있는 숫자는 십의 자리의 숫자를 제외한 6개이다.
따라서 만들 수 있는 60보다 큰 자연수의 개수는
$2 \times 6 = 12$

07 0이 포함된 4장의 숫자 카드 중 두 장을 뽑아 만들 수 있는 두 자리 정수의 개수는
$3 \times 3 = 9$

08 0이 포함된 4장의 숫자 카드 중 세 장을 뽑아 만들 수 있는 세 자리 정수의 개수는
$3 \times 3 \times 2 = 18$

09 0이 포함된 5장의 숫자 카드 중 2장을 뽑아 만들 수 있는 두 자리 정수의 개수는
$4 \times 4 = 16$

10 짝수가 되려면 일의 자리에 올 수 있는 숫자는 0, 4이다.
□0인 경우는 10, 30, 40, 50의 4개
□4인 경우는 14, 34, 54의 3개
따라서 구하는 짝수의 개수는
$4 + 3 = 7$

11 짝수가 되려면 일의 자리에 올 수 있는 숫자는 0, 4이다.
□□0인 경우는
$4 \times 3 = 12$(개)
□□4인 경우는
$3 \times 3 = 9$(개)
따라서 구하는 짝수의 개수는
$12 + 9 = 21$

06 대표 뽑기

01 12	**02** 24	**03** 20	**04** 42
05 24	**06** 6	**07** 4	**08** 10
09 21	**10** 18		

01 4명의 학생 중에서 자격이 다른 회장 1명, 부회장 1명을 뽑는 경우의 수는
$4 \times 3 = 12$

02 4명의 학생 중에서 자격이 다른 회장 1명, 부회장 1명, 총무 1명을 뽑는 경우의 수는
$4 \times 3 \times 2 = 24$

03 5명의 선수 중에서 자격이 다른 주장 1명, 부주장 1명을 뽑는 경우의 수는
$5 \times 4 = 20$

04 7명 중에서 자격이 다른 회장 1명, 부회장 1명을 뽑는 경우의 수는
$7 \times 6 = 42$

05 남학생 3명 중에서 자격이 다른 회장 1명, 부회장 1명을 뽑는 경우의 수는
$3 \times 2 = 6$
여학생 4명 중에서 총무 1명을 뽑는 경우의 수는 4
따라서 구하는 경우의 수는
$6 \times 4 = 24$

06 4명의 학생 중에서 자격이 같은 대의원 2명을 뽑는 경우의 수는
$\dfrac{4 \times 3}{2} = 6$

07 4명의 학생 중에서 자격이 같은 대의원 3명을 뽑을 때
$(A, B, C), (A, C, B), (B, A, C), (B, C, A), (C, A, B), (C, B, A)$를 모두 같은 것으로 간주한다.
따라서 구하는 경우의 수는
$\dfrac{4 \times 3 \times 2}{6} = 4$

다른 풀이
4명의 학생 중에서 자격이 같은 대의원 3명을 뽑는 경우의 수는 1명을 뽑지 않은 경우의 수와 같다.
따라서 4명의 학생 중에서 1명을 뽑지 않는 경우의 수는 4이다.

08 5개의 과일 중 2개를 선택하여 선물상자를 만드는 경우는 자격이 같은 2개를 뽑는 경우이다.
따라서 구하는 경우의 수는
$\dfrac{5 \times 4}{2} = 10$

09 7명 중에서 자격이 같은 2명의 대표를 뽑는 경우의 수이므로
$\dfrac{7 \times 6}{2} = 21$

10 남학생 3명 중에서 자격이 같은 2명의 대표를 뽑는 경우의 수는
$\dfrac{3 \times 2}{2} = 3$
여학생 4명 중에서 자격이 같은 2명의 대표를 뽑는 경우의 수는
$\dfrac{4 \times 3}{2} = 6$
따라서 구하는 경우의 수는
$3 \times 6 = 18$

핵심 반복

1 ②	**2** ③	**3** ③	**4** ④
5 ⑤	**6** ②	**7** ⑤	**8** ③

1 9장의 카드 중 2의 배수가 나오는 경우는 2, 4, 6, 8이므로 구하는 경우의 수는 4이다.

2 서로 다른 두 개의 주사위를 던져 나온 눈의 수의 합이 6인 경우는 $(1, 5), (2, 4), (3, 3), (4, 2), (5, 1)$
이므로 구하는 경우의 수는 5이다.

3 아이스크림 2종류 중 1가지를 선택하는 경우의 수는 2이고, 음료수 3종류 중 1가지를 선택하는 경우의 수는 3이므로 구하는 경우의 수는
$2 + 3 = 5$

4 가위바위보를 할 때 정우가 낼 수 있는 경우의 수는 3, 수정이가 낼 수 있는 경우의 수는 3이므로 구하는 경우의 수는
$3 \times 3 = 9$

5 6명 중에서 3명을 뽑아 일렬로 세우는 경우의 수는
$6 \times 5 \times 4 = 120$

6 짝수가 되려면 일의 자리에 올 수 있는 숫자는 2, 4의 2개, 십의 자리에 올 수 있는 숫자는 일의 자리의 숫자를 제외한 4개이므로 구하는 짝수의 개수는
$2 \times 4 = 8$

7 7명의 학생 중에서 자격이 다른 회장 1명, 부회장 1명을 뽑는 경우의 수이므로
$7 \times 6 = 42$

8 6명의 탁구 선수 중에서 자격이 같은 2명을 뽑아 복식조를 만드는 경우이므로 구하는 경우의 수는
$\dfrac{6 \times 5}{2} = 15$

형성 평가

1 ②	2 ①	3 ④	4 ③
5 ③	6 ③	7 20	

1 1부터 20까지의 자연수 중에서 4의 배수는 4, 8, 12, 16, 20
의 5개, 7의 배수는 7, 14의 2개이다.
따라서 구하는 경우의 수는
$5+2=7$

2 A 지점에서 C 지점까지 직접 가는 방법의 수는 1가지
A 지점에서 B 지점을 거쳐 C 지점까지 가는 방법의 수는
$2×3=6$
따라서 구하는 방법의 수는
$1+6=7$

3 10원, 50원, 100원짜리 동전을 던질 때 일어날 수 있는 모든
경우는 앞면, 뒷면으로 각각의 경우의 수가 2이므로
구하는 경우의 수는
$2×2×2=8$

4 일의 자리의 숫자가 0이므로 백의 자리에 올 수 있는 숫자는
0을 제외한 4개, 십의 자리에 올 수 있는 숫자는 0과 백의 자
리의 숫자를 제외한 3개이다.
따라서 구하는 세 자리 자연수의 개수는
$4×3=12$

5 승준이와 민준이가 양 끝에 서는 경우의 수는 2이다.
이때 승준이와 민준이 사이에 나머지 3명이 나란히 서는 경우
의 수는
$3×2×1=6$
따라서 구하는 경우의 수는
$2×6=12$

6 6명 중 자격이 다른 두 명의 대표를 뽑는 경우의 수는
$6×5=30$
$∴ a=30$
또, 6명 중 자격이 같은 두 명의 대표를 뽑는 경우의 수는
$\dfrac{6×5}{2}=15$
$∴ b=15$
$∴ a+b=30+15=45$

7 세 점 (A, B, C), (A, C, B), (B, A, C), (B, C, A),
(C, A, B), (C, B, A)를 선택하여 삼각형을 만드는 경우는
모두 같은 것으로 간주한다.
따라서 삼각형의 개수는 6개의 점 중에서 순서를 생각하지 않
고 3개의 점을 뽑는 경우의 수와 같으므로
$\dfrac{6×5×4}{6}=20$

07 확률의 뜻

01 6	02 3	03 $\dfrac{1}{2}$	04 8
05 5	06 $\dfrac{5}{8}$	07 $\dfrac{1}{2}$	08 $\dfrac{2}{3}$
09 $\dfrac{1}{2}$	10 $\dfrac{1}{4}$	11 $\dfrac{1}{2}$	12 $\dfrac{1}{6}$

02 짝수의 눈이 나오는 경우는 2, 4, 6의 3가지이다.

03 (짝수의 눈이 나올 확률)$=\dfrac{(짝수의 눈이 나오는 경우의 수)}{(모든 경우의 수)}$
$=\dfrac{3}{6}=\dfrac{1}{2}$

07 한 개의 주사위를 던질 때 나오는 모든 경우의 수는 6이고, 4
보다 작은 수의 눈이 나오는 경우의 수는 3이다.
따라서 구하는 확률은
$\dfrac{3}{6}=\dfrac{1}{2}$

08 한 개의 주사위를 던질 때 나오는 모든 경우의 수는 6이고 6의
약수의 눈이 나오는 경우의 수는 4이다.
따라서 구하는 확률은
$\dfrac{4}{6}=\dfrac{2}{3}$

09 서로 다른 두 개의 동전을 동시에 던질 때 나오는 모든 경우의
수는 $2×2=4$이고, 앞면이 한 개 만 나오는 경우는 (앞, 뒤)
(뒤, 앞)으로 경우의 수는 2이다.
따라서 구하는 확률은
$\dfrac{2}{4}=\dfrac{1}{2}$

10 서로 다른 두 개의 동전을 동시에 던질 때 나오는 모든 경우의
수는 $2×2=4$이고, 모두 앞면이 나오는 경우는 (앞, 앞)으로
경우의 수는 1이다.
따라서 구하는 확률은 $\dfrac{1}{4}$이다.

11 서로 다른 두 개의 동전을 동시에 던질 때 나오는 모든 경우의
수는 $2×2=4$이고, 서로 같은 면이 나오는 경우는 (앞, 앞),
(뒤, 뒤)로 경우의 수는 2이다.
따라서 구하는 확률은
$\dfrac{2}{4}=\dfrac{1}{2}$

12 서로 다른 두 개의 주사위를 동시에 던질 때 나오는 모든 경우
의 수는 $6×6=36$이고, 나오는 눈의 수가 서로 같은 경우는
(1, 1), (2, 2), (3, 3), (4, 4), (5, 5), (6, 6)
으로 경우의 수는 6이다.

따라서 구하는 확률은

$$\frac{6}{36}=\frac{1}{6}$$

08 확률의 성질(1)

01 $\frac{2}{3}$	02 1	03 0	04 $\frac{5}{9}$
05 1	06 0	07 $\frac{1}{2}$	08 $\frac{1}{2}$
09 1	10 $\frac{5}{9}$	11 0	12 1

01 주사위 1개를 던질 때 나오는 모든 경우의 수는 6이고, 나온 눈의 수가 4 이하인 경우는 1, 2, 3, 4의 4가지이다.
따라서 구하는 확률은

$$\frac{4}{6}=\frac{2}{3}$$

02 나온 눈의 수는 항상 6 이하이므로 구하는 확률은 1이다.

03 7 이상의 눈이 나올 수 없으므로 구하는 확률은 0이다.

04 카드를 한 장 뽑을 때 나오는 모든 경우의 수는 9이고, 카드에 적힌 수가 3 이상 7 이하인 경우는 3, 4, 5, 6, 7의 5가지이다.
따라서 구하는 확률은 $\frac{5}{9}$이다.

05 어떤 카드를 뽑아도 1 이상의 수가 적혀 있으므로 구하는 확률은 1이다.

06 0 이하의 수가 적힌 카드는 없으므로 구하는 확률은 0이다.

07 동전 1개를 던져 나오는 모든 경우의 수는 2이고, 앞면이 나오는 경우의 수는 1이므로 구하는 확률은 $\frac{1}{2}$이다.

08 동전 1개를 던져 나오는 모든 경우의 수는 2이고, 뒷면이 나오는 경우의 수는 1이므로 구하는 확률은 $\frac{1}{2}$이다.

09 동전은 항상 앞면 또는 뒷면이 나오므로 구하는 확률은 1이다.

10 (흰 구슬을 꺼낼 확률)$=\dfrac{(흰 구슬의 개수)}{(전체 구슬의 개수)}$

$$=\frac{5}{9}$$

11 주머니 속에는 노란 구슬이 없으므로 노란 구슬을 꺼내는 경우는 없다.
따라서 구하는 확률은 0이다.

12 주머니에 들어 있는 구슬은 흰 구슬 또는 검은 구슬이므로 주머니에서 한 개의 구슬을 꺼내면 항상 흰 구슬 또는 검은 구슬이다.
따라서 구하는 확률은 1이다.

09 확률의 성질(2)

01 $\frac{2}{3}$	02 $\frac{3}{4}$	03 $\frac{1}{10}$	04 $\frac{5}{6}$
05 $\frac{14}{15}$	06 $\frac{1}{8}$	07 $\frac{7}{8}$	08 9
09 $\frac{1}{4}$	10 $\frac{3}{4}$		

01 (어떤 문제를 틀릴 확률)
$=1-$(그 문제를 맞힐 확률)
$=1-\dfrac{1}{3}$
$=\dfrac{2}{3}$

02 (내일 비가 오지 않을 확률)
$=1-$(내일 비가 올 확률)
$=1-\dfrac{1}{4}$
$=\dfrac{3}{4}$

03 (과녁 정 중앙을 맞히지 못할 확률)
$=1-$(과녁 정 중앙을 맞힐 확률)
$=1-\dfrac{9}{10}$
$=\dfrac{1}{10}$

04 주사위 1개를 던질 때, 나온 눈의 수가 4일 확률은 $\dfrac{1}{6}$이므로
(눈의 수가 4가 아닐 확률)
$=1-$(눈의 수가 4일 확률)
$=1-\dfrac{1}{6}$
$=\dfrac{5}{6}$

05 1부터 30까지 자연수가 각각 적힌 30장의 카드 중 한 장을 뽑을 때 나오는 모든 경우의 수는 30이고,
29 이상인 경우는 29, 30의 2가지이므로
카드에 적힌 수가 29 이상일 확률은

$$\frac{2}{30} = \frac{1}{15}$$

$\therefore$ (29 이상이 아닐 확률)

$$= 1 - (29 \text{ 이상일 확률})$$

$$= 1 - \frac{1}{15}$$

$$= \frac{14}{15}$$

06 동전 3개를 던져서 일어나는 모든 경우의 수는 8, 모두 뒷면이 나오는 경우의 수는 1이므로 구하는 확률은 $\frac{1}{8}$이다.

07 (적어도 동전 1개가 앞면이 나올 확률)

$$= 1 - (\text{동전 } 3\text{개가 모두 뒷면이 나올 확률})$$

$$= 1 - \frac{1}{8}$$

$$= \frac{7}{8}$$

08 둘 다 짝수의 눈이 나오는 경우는 주사위 A의 눈의 수가 짝수가 나오고, 주사위 B의 눈의 수가 짝수가 나오는 경우이므로 구하는 경우의 수는

$$3 \times 3 = 9$$

09 서로 다른 두 개의 주사위를 던질 때 나오는 모든 경우의 수는 $6 \times 6 = 36$이고, 둘 다 짝수의 눈이 나오는 경우의 수는 9이므로 구하는 확률은

$$\frac{9}{36} = \frac{1}{4}$$

10 (적어도 하나는 홀수의 눈이 나오는 확률)

$$= 1 - (\text{둘 다 짝수의 눈이 나오는 확률})$$

$$= 1 - \frac{1}{4}$$

$$= \frac{3}{4}$$

본문 93쪽

10 사건 A 또는 사건 B가 일어날 확률

01 $\frac{1}{2}$	02 $\frac{1}{6}$	03 $\frac{2}{3}$	04 $\frac{7}{12}$
05 $\frac{3}{4}$	06 $\frac{7}{15}$	07 $\frac{2}{5}$	08 $\frac{7}{15}$
09 $\frac{7}{36}$	10 $\frac{5}{36}$		

01 한 개의 주사위를 던질 때 나오는 모든 경우의 수는 6이고, 짝수의 눈이 나오는 경우의 수는 3이므로 구하는 확률은

$$\frac{3}{6} = \frac{1}{2}$$

02 한 개의 주사위를 던질 때 나오는 모든 경우의 수는 6이고, 5의 배수의 눈이 나오는 경우의 수는 1이므로 구하는 확률은 $\frac{1}{6}$이다.

03 짝수의 눈이 나오는 사건과 5의 배수의 눈이 나오는 사건은 동시에 일어나지 않는다.

따라서 짝수의 눈 또는 5의 배수의 눈이 나올 확률은

$$\frac{1}{2} + \frac{1}{6} = \frac{4}{6} = \frac{2}{3}$$

04 모든 구슬의 개수가 12이고, 파란 구슬의 개수가 3이므로

$$(\text{파란 구슬일 확률}) = \frac{3}{12} = \frac{1}{4}$$

노란 구슬의 개수가 4이므로

$$(\text{노란 구슬일 확률}) = \frac{4}{12} = \frac{1}{3}$$

따라서 구하는 확률은

$$\frac{1}{4} + \frac{1}{3} = \frac{3}{12} + \frac{4}{12} = \frac{7}{12}$$

05 모든 구슬의 개수가 12이고, 노란 구슬의 개수가 4이므로

$$(\text{노란 구슬일 확률}) = \frac{4}{12} = \frac{1}{3}$$

빨간 구슬의 개수가 5이므로

$$(\text{빨간 구슬일 확률}) = \frac{5}{12}$$

따라서 구하는 확률은

$$\frac{1}{3} + \frac{5}{12} = \frac{4}{12} + \frac{5}{12} = \frac{9}{12} = \frac{3}{4}$$

06 카드에 적힌 수가 3의 배수인 경우는 3, 6, 9, 12, 15의 5가지이므로

$$(3\text{의 배수가 적힌 카드를 뽑을 확률}) = \frac{5}{15} = \frac{1}{3}$$

카드에 적힌 수가 7의 배수인 경우는 7, 14의 2가지이므로

$$(7\text{의 배수가 적힌 카드를 뽑을 확률}) = \frac{2}{15}$$

따라서 구하는 확률은

$$\frac{1}{3} + \frac{5}{12} = \frac{5}{15} + \frac{2}{15} = \frac{7}{15}$$

07 카드에 적힌 수가 4 이하인 경우는 1, 2, 3, 4의 4가지이므로

$$(4 \text{ 이하의 수가 적힌 카드를 뽑을 확률}) = \frac{4}{15}$$

카드에 적힌 수가 14 이상인 경우는 14, 15의 2가지이므로

$$(14 \text{ 이상의 수가 적힌 카드를 뽑을 확률}) = \frac{2}{15}$$

따라서 구하는 확률은

$$\frac{4}{15} + \frac{2}{15} = \frac{6}{15} = \frac{2}{5}$$

08 카드에 적힌 수가 8의 약수인 경우는 1, 2, 4, 8의 4가지이므로

$$(8\text{의 약수가 적힌 카드를 뽑을 확률}) = \frac{4}{15}$$

카드에 적힌 수가 5의 배수인 경우는 5, 10, 15의 3가지이므로

(5의 배수가 적힌 카드를 뽑을 확률)$=\dfrac{3}{15}=\dfrac{1}{5}$

따라서 구하는 확률은

$\dfrac{4}{15}+\dfrac{1}{5}=\dfrac{4}{15}+\dfrac{3}{15}=\dfrac{7}{15}$

09 서로 다른 주사위 2개를 던질 때 나오는 모든 경우의 수는
$6\times6=36$이고, 두 눈의 수의 합이 4인 경우는
$(1, 3)$, $(2, 2)$, $(3, 1)$의 3가지이므로

(두 눈의 수의 합이 4일 확률)$=\dfrac{3}{36}=\dfrac{1}{12}$

두 눈의 수의 합이 9인 경우는
$(3, 6)$, $(4, 5)$, $(5, 4)$, $(6, 3)$의 4가지이므로

(두 눈의 수의 합이 9일 확률)$=\dfrac{4}{36}=\dfrac{1}{9}$

따라서 구하는 확률은

$\dfrac{1}{12}+\dfrac{1}{9}=\dfrac{3}{36}+\dfrac{4}{36}=\dfrac{7}{36}$

10 두 눈의 수의 곱이 4인 경우는 $(1, 4)$, $(2, 2)$, $(4, 1)$의 3가지이므로

(두 눈의 수의 곱이 4일 확률)$=\dfrac{3}{36}=\dfrac{1}{12}$

두 눈의 수의 곱이 10인 경우는 $(2, 5)$, $(5, 2)$의 2가지이므로

(두 눈의 수의 곱이 10일 확률)$=\dfrac{2}{36}=\dfrac{1}{18}$

따라서 구하는 확률은

$\dfrac{1}{12}+\dfrac{1}{18}=\dfrac{3}{36}+\dfrac{2}{36}$

$\qquad\qquad\quad=\dfrac{5}{36}$

본문 94쪽

11 사건 A와 사건 B가 동시에 일어날 확률

01 $\dfrac{3}{5}$	02 $\dfrac{3}{8}$	03 $\dfrac{9}{40}$	04 $\dfrac{1}{4}$
05 $\dfrac{1}{6}$	06 $\dfrac{1}{8}$	07 $\dfrac{1}{6}$	08 $\dfrac{3}{5}$
09 $\dfrac{7}{9}$	10 $\dfrac{3}{20}$		

01 A 주머니에서 1개의 공을 꺼낼 때 나오는 모든 경우의 수는 5이고, 흰 공을 꺼내는 경우의 수는 3이므로 A 주머니에서 흰 공을 꺼낼 확률은 $\dfrac{3}{5}$이다.

02 B 주머니에서 1개의 공을 꺼낼 때 나오는 모든 경우의 수는 8이고, 검은 공을 꺼내는 경우의 수는 3이므로 B 주머니에서 검은 공을 꺼낼 확률은 $\dfrac{3}{8}$이다.

03 A 주머니에서 흰 공을 꺼내고, B 주머니에서 검은 공을 꺼낼 확률은

$\dfrac{3}{5}\times\dfrac{3}{8}=\dfrac{9}{40}$

04 짝수인 경우는 2, 4, 6의 3가지이므로

(A 주사위의 눈의 수가 짝수일 확률)$=\dfrac{3}{6}=\dfrac{1}{2}$

홀수인 경우는 1, 3, 5의 3가지이므로

(B 주사위의 눈의 수가 홀수일 확률)$=\dfrac{3}{6}=\dfrac{1}{2}$

따라서 구하는 확률은

$\dfrac{1}{2}\times\dfrac{1}{2}=\dfrac{1}{4}$

05 소수인 경우는 2, 3, 5의 3가지이므로

(A 주사위의 눈의 수가 소수일 확률)$=\dfrac{3}{6}=\dfrac{1}{2}$

3의 배수인 경우는 3, 6의 2가지이므로

(B 주사위의 눈의 수가 3의 배수일 확률)$=\dfrac{2}{6}=\dfrac{1}{3}$

따라서 구하는 확률은

$\dfrac{1}{2}\times\dfrac{1}{3}=\dfrac{1}{6}$

06 (서로 다른 동전 2개가 모두 앞면이 나올 확률)

$=\dfrac{1}{2}\times\dfrac{1}{2}=\dfrac{1}{4}$

소수인 경우는 2, 3, 5의 3가지이므로

(주사위가 소수의 눈이 나올 확률)$=\dfrac{3}{6}=\dfrac{1}{2}$

따라서 구하는 확률은

$\dfrac{1}{4}\times\dfrac{1}{2}=\dfrac{1}{8}$

07 (서로 다른 동전 2개가 모두 뒷면이 나올 확률)

$=\dfrac{1}{2}\times\dfrac{1}{2}=\dfrac{1}{4}$

6의 약수인 경우는 1, 2, 3, 6의 4가지이므로

(주사위가 6의 약수의 눈이 나올 확률)$=\dfrac{4}{6}=\dfrac{2}{3}$

따라서 구하는 확률은

$\dfrac{1}{4}\times\dfrac{2}{3}=\dfrac{1}{6}$

08 $\dfrac{4}{5}\times\dfrac{3}{4}=\dfrac{3}{5}$

09 $\dfrac{7}{8}\times\dfrac{8}{9}=\dfrac{7}{9}$

10 $\dfrac{1}{4}\times\dfrac{3}{5}=\dfrac{3}{20}$

12 적어도 ~일 확률

01 $\frac{3}{5}$	02 $\frac{2}{5}$	03 $\frac{6}{25}$	04 $\frac{19}{25}$
05 $\frac{1}{2}$	06 $\frac{1}{2}$	07 $\frac{1}{4}$	08 $\frac{3}{4}$
09 $\frac{5}{6}$	10 $\frac{21}{25}$		

03 $\frac{3}{5} \times \frac{2}{5} = \frac{6}{25}$

04 (적어도 하나는 흰 구슬을 꺼낼 확률)
$=1-$(모두 검은 구슬을 꺼낼 확률)
$=1-\frac{6}{25}=\frac{19}{25}$

05 $\frac{3}{6}=\frac{1}{2}$

06 $\frac{3}{6}=\frac{1}{2}$

07 $\frac{1}{2} \times \frac{1}{2} = \frac{1}{4}$

08 (두 주사위 중 적어도 하나는 홀수의 눈이 나올 확률)
$=1-$(두 주사위 모두 짝수의 눈이 나올 확률)
$=1-\frac{1}{4}$
$=\frac{3}{4}$

09 A 사격선수가 과녁을 명중시키지 못할 확률은
$1-\frac{1}{2}=\frac{1}{2}$
B 사격선수가 과녁을 명중시키지 못할 확률은
$1-\frac{2}{3}=\frac{1}{3}$
두 사람 모두 과녁을 명중시키지 못할 확률은
$\frac{1}{2} \times \frac{1}{3} = \frac{1}{6}$
$\therefore$ (적어도 한 사람은 과녁을 명중시킬 확률)
$=1-$(두 사람 모두 과녁을 명중시키지 못할 확률)
$=1-\frac{1}{6}$
$=\frac{5}{6}$

10 윤희가 보드게임에서 질 확률은
$1-\frac{3}{5}=\frac{2}{5}$이므로
(두 게임 중 윤희가 적어도 한 번은 이길 확률)
$=1-$(두 게임 모두 윤희가 질 확률)
$=1-\frac{2}{5} \times \frac{2}{5}$

$=1-\frac{4}{25}$
$=\frac{21}{25}$

13 연속하여 뽑는 경우의 확률

01 $\frac{25}{81}$	02 $\frac{16}{81}$	03 $\frac{20}{81}$	04 $\frac{20}{81}$
05 $\frac{5}{14}$	06 $\frac{3}{28}$	07 $\frac{15}{56}$	08 $\frac{15}{56}$

01 (첫 번째 꺼낸 구슬이 흰 구슬일 확률)$=\frac{5}{9}$
(두 번째 꺼낸 구슬이 흰 구슬일 확률)$=\frac{5}{9}$
따라서 구하는 확률은
$\frac{5}{9} \times \frac{5}{9} = \frac{25}{81}$

02 (첫 번째 꺼낸 구슬이 검은 구슬일 확률)$=\frac{4}{9}$
(두 번째 꺼낸 구슬이 검은 구슬일 확률)$=\frac{4}{9}$
따라서 구하는 확률은
$\frac{4}{9} \times \frac{4}{9} = \frac{16}{81}$

03 (첫 번째 꺼낸 구슬이 흰 구슬일 확률)$=\frac{5}{9}$
(두 번째 꺼낸 구슬이 검은 구슬일 확률)$=\frac{4}{9}$
따라서 구하는 확률은
$\frac{5}{9} \times \frac{4}{9} = \frac{20}{81}$

04 (첫 번째 꺼낸 구슬이 검은 구슬일 확률)$=\frac{4}{9}$
(두 번째 꺼낸 구슬이 흰 구슬일 확률)$=\frac{5}{9}$
따라서 구하는 확률은
$\frac{4}{9} \times \frac{5}{9} = \frac{20}{81}$

05 (첫 번째 꺼낸 바둑돌이 검은 바둑돌일 확률)$=\frac{5}{8}$
(두 번째 꺼낸 바둑돌이 검은 바둑돌일 확률)$=\frac{4}{7}$
따라서 구하는 확률은
$\frac{5}{8} \times \frac{4}{7} = \frac{5}{14}$

06 (첫 번째 꺼낸 바둑돌이 흰 바둑돌일 확률)$=\frac{3}{8}$
(두 번째 꺼낸 바둑돌이 흰 바둑돌일 확률)$=\frac{2}{7}$

따라서 구하는 확률은

$$\frac{3}{8} \times \frac{2}{7} = \frac{3}{28}$$

07 (첫 번째 꺼낸 바둑돌이 흰 바둑돌일 확률)$=\frac{3}{8}$

(두 번째 꺼낸 바둑돌이 검은 바둑돌일 확률)$=\frac{5}{7}$

따라서 구하는 확률은

$$\frac{3}{8} \times \frac{5}{7} = \frac{15}{56}$$

08 (첫 번째 꺼낸 바둑돌이 검은 바둑돌일 확률)$=\frac{5}{8}$

(두 번째 꺼낸 바둑돌이 흰 바둑돌일 확률)$=\frac{3}{7}$

따라서 구하는 확률은

$$\frac{5}{8} \times \frac{3}{7} = \frac{15}{56}$$

본문 97쪽

14 도형에서의 확률

01 $\frac{1}{2}$	**02** $\frac{1}{3}$	**03** $\frac{1}{4}$	**04** $\frac{1}{8}$
05 $\frac{1}{4}$	**06** $\frac{1}{2}$	**07** $\frac{16}{81}$	**08** $\frac{4}{27}$
09 $\frac{16}{81}$	**10** $\frac{25}{81}$	**11** $\frac{56}{81}$	

01 빨간색이 칠해진 부분은 전체 넓이의 $\frac{1}{2}$이므로

구하는 확률은 $\frac{1}{2}$이다.

02 빨간색이 칠해진 부분은 전체 넓이의 $\frac{1}{3}$이므로

구하는 확률은 $\frac{1}{3}$이다.

03 빨간색이 칠해진 부분은 전체 넓이의 $\frac{1}{4}$이므로

구하는 확률은 $\frac{1}{4}$이다.

04 빨간색이 칠해진 부분은 전체 넓이의 $\frac{1}{8}$이므로

구하는 확률은 $\frac{1}{8}$이다.

05 3의 배수인 경우는 3, 6의 2가지이므로

(3의 배수가 적힌 과녁을 맞힐 확률)$=\frac{2}{8}=\frac{1}{4}$

06 소수인 경우는 2, 3, 5, 7의 4가지이므로

(소수가 적힌 과녁을 맞힐 확률)$=\frac{4}{8}=\frac{1}{2}$

07 짝수가 적힌 과녁을 맞힐 확률은 $\frac{4}{9}$이므로 구하는 확률은

$$\frac{4}{9} \times \frac{4}{9} = \frac{16}{81}$$

08 (3의 배수가 적힌 과녁을 맞힐 확률)$=\frac{3}{9}=\frac{1}{3}$

(6의 약수가 적힌 과녁을 맞힐 확률)$=\frac{4}{9}$

따라서 구하는 확률은

$$\frac{1}{3} \times \frac{4}{9} = \frac{4}{27}$$

09 소수가 적힌 과녁을 맞힐 확률은 $\frac{4}{9}$이므로 구하는 확률은

$$\frac{4}{9} \times \frac{4}{9} = \frac{16}{81}$$

10 홀수가 적힌 과녁을 맞힐 확률은 $\frac{5}{9}$이므로 구하는 확률은

$$\frac{5}{9} \times \frac{5}{9} = \frac{25}{81}$$

11 (적어도 한 발은 짝수가 적힌 과녁을 맞힐 확률)

$=1-$(두 발 모두 홀수가 적힌 과녁을 맞힐 확률)

$$=1-\frac{25}{81}$$

$$=\frac{56}{81}$$

핵심 반복

본문 98쪽

1 ③	**2** ②	**3** ②	**4** ②
5 ⑤	**6** ②		

1 한 개의 주사위를 던질 때 나오는 모든 경우의 수는 6이고, 홀수의 눈이 나오는 경우의 수는 3이므로 구하는 확률은

$$\frac{3}{6}=\frac{1}{2}$$

2 4명을 한 줄로 세우는 경우의 수는

$4 \times 3 \times 2 \times 1 = 24$

A를 맨 뒤에 세우고 나머지 3명을 일렬로 세우는 경우의 수는

$3 \times 2 \times 1 = 6$

따라서 구하는 확률은

$$\frac{6}{24}=\frac{1}{4}$$

3 (과녁을 명중시키지 못할 확률)

$=1-$(과녁을 명중시킬 확률)

$$=1-\frac{4}{5}$$

$$=\frac{1}{5}$$

4 $\dfrac{3}{4} \times \dfrac{2}{3} = \dfrac{1}{2}$

5 ○, × 문제를 맞힐 확률은 $\dfrac{1}{2}$이므로

틀릴 확률은 $1 - \dfrac{1}{2} = \dfrac{1}{2}$이다.

∴ (적어도 한 개 이상 맞힐 확률)

   = 1 - (3개의 문제 모두 틀릴 확률)

   $= 1 - \dfrac{1}{2} \times \dfrac{1}{2} \times \dfrac{1}{2}$

   $= 1 - \dfrac{1}{8} = \dfrac{7}{8}$

6 (윤열이가 당첨제비를 뽑을 확률) $= \dfrac{2}{10} = \dfrac{1}{5}$

(요한이가 당첨제비를 뽑을 확률) $= \dfrac{1}{9}$

따라서 구하는 확률은

$\dfrac{1}{5} \times \dfrac{1}{9} = \dfrac{1}{45}$

형성 평가

본문 99쪽

| **1** ③ | **2** ④ | **3** ③ | **4** ③ |

5 ①   **6** $\dfrac{11}{20}$

1 소수인 경우는 2, 3, 5, 7의 4가지이므로

(소수가 적힌 카드를 뽑을 확률) $= \dfrac{4}{10} = \dfrac{2}{5}$

4의 배수인 경우는 4, 8의 2가지이므로

(4의 배수가 적힌 카드를 뽑을 확률) $= \dfrac{2}{10} = \dfrac{1}{5}$

따라서 구하는 확률은

$\dfrac{2}{5} + \dfrac{1}{5} = \dfrac{3}{5}$

2 두 사람이 가위바위보를 할 때 나오는 모든 경우의 수는

$3 \times 3 = 9$

두 사람이 가위바위보를 할 때 비기는 경우는 (가위, 가위),

(바위, 바위), (보, 보)의 3가지이므로

(비길 확률) $= \dfrac{3}{9} = \dfrac{1}{3}$

∴ (승패가 결정될 확률)

   = 1 - (비길 확률)

   $= 1 - \dfrac{1}{3}$

   $= \dfrac{2}{3}$

3 서로 다른 주사위 2개를 동시에 던질 때 나오는 모든 경우의 수는

$6 \times 6 = 36$

두 눈의 수의 합이 3이 되는 경우는 (1, 2), (2, 1)의 2가지이

므로

(두 눈의 수의 합이 3일 확률) $= \dfrac{2}{36} = \dfrac{1}{18}$

두 눈의 수의 합이 4가 되는 경우는 (1, 3), (2, 2), (3, 1)의

3가지이므로

(두 눈의 수의 합이 4일 확률) $= \dfrac{3}{36} = \dfrac{1}{12}$

따라서 구하는 확률은

$\dfrac{1}{18} + \dfrac{1}{12} = \dfrac{2}{36} + \dfrac{3}{36} = \dfrac{5}{36}$

4 A 주머니를 선택하고 흰 공을 꺼낼 확률은

$\dfrac{1}{2} \times \dfrac{2}{6} = \dfrac{1}{6}$

B 주머니를 선택하고 흰 공을 꺼낼 확률은

$\dfrac{1}{2} \times \dfrac{3}{5} = \dfrac{3}{10}$

따라서 구하는 확률은

$\dfrac{1}{6} + \dfrac{3}{10} = \dfrac{14}{30} = \dfrac{7}{15}$

5 홀수인 경우는 1, 3, 5, 7의 4가지이므로 원판을 돌릴 때 바늘

이 홀수를 가리킬 확률은

$\dfrac{4}{8} = \dfrac{1}{2}$

따라서 두 숫자가 모두 홀수일 확률은

$\dfrac{1}{2} \times \dfrac{1}{2} = \dfrac{1}{4}$

6 A 주머니에서 흰 공을 꺼내고, B 주머니에서 검은 공을 꺼낼

확률은

$\dfrac{2}{5} \times \dfrac{1}{4} = \dfrac{1}{10}$

A 주머니에서 검은 공을 꺼내고, B 주머니에서 흰 공을 꺼낼

확률은

$\dfrac{3}{5} \times \dfrac{3}{4} = \dfrac{9}{20}$

따라서 서로 다른 색의 공이 나올 확률은

$\dfrac{1}{10} + \dfrac{9}{20} = \dfrac{2}{20} + \dfrac{9}{20} = \dfrac{11}{20}$

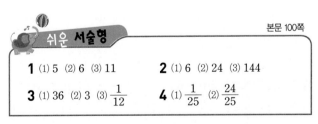

쉬운 서술형

본문 100쪽

| **1** (1) 5 (2) 6 (3) 11 | **2** (1) 6 (2) 24 (3) 144 |
| **3** (1) 36 (2) 3 (3) $\dfrac{1}{12}$ | **4** (1) $\dfrac{1}{25}$ (2) $\dfrac{24}{25}$ |

1 (1) 두 눈의 수의 합이 6이 되는 경우는

   (1, 5), (2, 4), (3, 3), (4, 2), (5, 1)

   의 5가지이다.   ⋯⋯ (가)

(2) 두 눈의 수의 합이 7이 되는 경우는

   (1, 6), (2, 5), (3, 4), (4, 3), (5, 2), (6, 1)

   의 6가지이다.   ⋯⋯ (나)

(3) 두 눈의 수의 합이 6 또는 7이 되는 경우의 수는

$5+6=11$ ...... (다)

채점 기준표

단계	채점 기준	비율
(가)	두 눈의 수의 합이 6이 되는 경우의 수를 구한 경우	35 %
(나)	두 눈의 수의 합이 7이 되는 경우의 수를 구한 경우	35 %
(다)	두 눈의 수의 합이 6 또는 7이 되는 경우의 수를 구한 경우	30 %

2 (1) 남학생 3명을 일렬로 세우는 경우의 수는

$3×2×1=6$ ...... (가)

(2) 여학생 4명을 일렬로 세우는 경우의 수는

$4×3×2×1=24$ ...... (나)

(3) 여학생 4명을 앞쪽에, 남학생 3명을 뒤쪽에 세우는 경우의 수는

$24×6=144$ ...... (다)

채점 기준표

단계	채점 기준	비율
(가)	남학생 3명을 일렬로 세우는 경우의 수를 구한 경우	30 %
(나)	여학생 4명을 일렬로 세우는 경우의 수를 구한 경우	30 %
(다)	여학생 4명을 앞쪽에, 남학생 3명을 뒤쪽에 세우는 경우의 수를 구한 경우	40 %

3 (1) 주사위 한 개를 두 번 던질 때 일어나는 모든 경우의 수는

$6×6=36$ ...... (가)

(2) $2a+b=9$를 만족하는 순서쌍 (a, b)는

$(2, 5), (3, 3), (4, 1)$이므로 경우의 수는 3이다. ...... (나)

(3) $2a+b=9$일 확률은

$\dfrac{3}{36}=\dfrac{1}{12}$ ...... (다)

채점 기준표

단계	채점 기준	비율
(가)	모든 경우의 수를 구한 경우	30 %
(나)	$2a+b=9$인 경우의 수를 구한 경우	30 %
(다)	$2a+b=9$일 확률을 구한 경우	40 %

4 (1) 일기예보가 틀릴 확률은

$1-\dfrac{4}{5}=\dfrac{1}{5}$ ...... (가)

이므로 이틀 모두 일기예보가 틀릴 확률은

$\dfrac{1}{5}×\dfrac{1}{5}=\dfrac{1}{25}$ ...... (나)

(2) (적어도 하루는 일기예보가 맞을 확률)

=1-(이틀 모두 일기예보가 틀릴 확률)

$=1-\dfrac{1}{25}$

$=\dfrac{24}{25}$ ...... (다)

채점 기준표

단계	채점 기준	비율
(가)	일기예보가 틀릴 확률을 구한 경우	30 %
(나)	이틀 모두 일기예보가 틀릴 확률을 구한 경우	30 %
(다)	이틀 중 적어도 하루는 일기예보가 맞을 확률을 구한 경우	40 %

MEMO

MEMO

하루 한 장으로
규칙적인 수학 습관을 기르자!

한장 수학

중학 **수학** 2(하)

정답과 풀이

예비 고등학생을 위한 기본 수학 개념서

50일 수학 상 하

|2책|

50일 수학 상
- 초·중·고 수학의 맥을 잡는 "50일"
- 수학 개념 단기 보충 특강
- 취약점 보완을 위한 긴급 학습
EBS

50일 수학 하
- 초·중·고 수학의 맥을 잡는 "50일"
- 수학 개념 단기 보충 특강
- 취약점 보완을 위한 긴급 학습
EBS

- 중학 수학과 고교 1학년 수학 총정리

- 수학의 **영역별 핵심 개념을 완벽 정리**

- 주제별 개념 정리로 모르는 개념과 공식만 집중 연습

"고등학교 수학, 더 이상의 걱정은 없다!"

사뿐

중학 사회
중학 역사

사회를 한 권으로
가뿐하게!

중학 사회

①-1 ②-1 ①-2 ②-2

중학 역사

①-1 ②-1 ①-2 ②-2